在哪裡跌倒，就在哪裡躺好

老楊的貓頭鷹——著

前言

希望你命運的齒輪從這本書開始轉動起來

為什麼人一旦開竅，就會變得非常厲害？

因為人一旦開了竅，他在精神上就沒有內耗，他的能量就沒有損耗，他就可以用滿格的能量和頂配的心態，去做他想做的事，過他想過的生活，成為他想成為的人。

那麼你呢？

你覺得自己就像一隻眼前掛著紅蘿蔔的驢子，每天轉著圈地拉石磨，為一個可能得不到或者得到了又不能怎麼樣的東西累死累活。但又不能停下來，因為停下來可能會被做成驢肉餡的餃子。

你覺得自己活得就像一座漂在人海裡的孤島，不知道自己被什麼束縛著，但是很想掙脫；不知道自己要去哪裡，但此時已經在路上了；不知道人生的意義是什麼，但是很想讓人知道：「我在他鄉滿好的。」

你很有壓力，但沒有動力，你焦慮的靈魂被一個拒絕行動的身體困住了。你的內心在尖叫，但表面上看，你只是在安靜地吃著薯條。

你不甘心往下沉，但又沒辦法上岸，你嚮往自由的靈魂被生活拴在了方寸之地。歲月在催你變老，責任在催你賺錢，你站在清醒與麻木的邊緣，不敢墮落，也不能解脫。

你想用「比上不足，比下有餘」來安慰自己，結果卻發現，比上確實是不足，但比下也沒餘什麼。

你盼著用遠方來治癒自己，但去了才發現，遠方不是澡堂，根本洗滌不了自己的心靈。

你聽了別人的勸，不再為小事煩惱，有空就去跑步，結果卻發現，自己的身體狀況比心理狀況還要糟糕。

情緒好的時候，你寬慰自己：「即便過了三十歲，我還是個小孩子，黃土才埋到肚臍眼[1]。」

可是一遇到不喜歡的人，一做不喜歡的事，你瞬間就感覺，疲憊已經淹到了鼻頭。

白天的時候，你跟違心的「哈哈哈」、渾水摸的魚、老闆畫的餅、同事甩的鍋，拼

1 原俗語「黃土埋到脖子」指年老、即將到大限。

在一個名叫生活的盤子裡。

到了晚上，你跟自己無處安放的野心、一天到晚什麼都沒做的懊悔、頻頻打臉的誓言、浪費的才華，擠在同一張床上輾轉難眠。

你很累了，但是睡不著；夜很深了，但不知道在熬什麼。日子過得就像一個已經笑過一次的笑話，就像一瓶跑光了氣的可樂。

你樂觀不起來，但沒勇氣破罐子破摔；你的身體在假裝無所謂，但你的靈魂卻繃得緊緊的。你活得就像一個上了年紀的年輕人，就像夜裡突然被燈光照到的兔子。

單身時，你有錢時敗家，沒錢時拜神。求姻緣的菩薩你看都不看，卻在財神殿裡長跪不起。

看到別人曬出滿分戀人的時候，你又恨不得去私訊人家：「你好呀，請問一下，頭朝哪個方向磕，才能有這樣的好運氣？」

工作上，別人是幹一行，愛一行，鑽一行就行一行，結果是三百六十行，行行出狀元。

而你是幹一行，恨一行，幹著新行想舊行，結果是三百六十行，行行都罵娘。

婚姻裡，婚前唱的是：「我希望，最初是你，後來是你，最終也是你。」

但婚後聽到的卻是：「我希望，洗碗是你，賺錢是你，輔導功課還是你。」

全家人的希望都在你身上，但你不知道自己的希望在哪裡。所以你，沒有熱情也得熱氣騰騰，沒有野心也得野心勃勃。

一切看起來似乎很正常，但只有你自己知道，「我快要碎了」。

你背負著一成不變的生活，期待著總會改變的明天；過去和未來在兩頭同時向你施壓，你根本就沒辦法活在當下。

講過去像是在賣慘，說未來像是白日做夢，談論現在又像是當局者迷。

那麼，一個人開竅的人又會有哪些表現呢？

他會突然變得很厲害，他學會了鈍感力，學會了遮罩力，他開始與自己和解，開始把破碎的自己重新拼起來，把自己從自卑、敏感的內耗深淵裡拉上來，他結束了討好型人格，不再為情所困，不再抱怨，也不再被情緒沖昏頭腦；他變得理智起來，把常常掛在嘴邊的喪氣話變成了「我可以」、「我做得到」、「我再試試」；他對當下有了打算，對生活有了目標，不再渾渾噩噩，而是努力賺錢、拚事業，並且有意識地慶祝每一次微小的勝利，紀念每一個有意義的節日。

他不會總是把「沒錢、沒空」掛在嘴邊。有能力，就去看山河大地；力不能及，就去看小雞啄米。

他不會總是把「這有什麼用、這有什麼意義」擱在心上。如果道路本身很美，不必問它通往何方。

他不會總是把「性格不好，過得很糟」全都記恨在原生家庭上。如果他不是來自一個幸福的家庭，那他就會爭取讓一個幸福的家庭是來自他。

他會尊重所有人，但不把任何人看得太重。就算是自己喜歡的人、是愛戴的長輩、是靈魂的伴侶，不好意思，他們全部加起來，都沒有自己重要。

他會繼續努力，但不會著急。因為他努力的目的不是為了追上誰或者贏了誰，而是為了換取自由，包括但不限於：選擇的自由、拒絕的自由、保持本色的自由。

他知道，並不是維護自己就沒有朋友。事實上，當自己跳出來維護自己的時候，並不會失去真正的朋友、真正的機會、真正的情誼，失去的只是愛占便宜的人、喜歡操控的人和無比自戀的人。

他知道，並不是動手打人才算暴力。事實上，暴力還包括打斷自己說話，嘲笑自己沒做成某件事，肆無忌憚地拿自己和別人做比較，以及讓自己覺得不配擁有更好的人生。他知道，並不是讓別人舒服就叫情商高。事實上，情商高的前提是自己也沒吃虧，如果自己只是讓別人舒服，而自己很痛苦、很糾結，那不叫情商高，那叫「傻瓜」，真正健康的關係不需要背叛自己。

他知道，並不是愛了就一定要在一起。事實上，自己可以在很愛一個人的同時，依然選擇和那個人說再見；也可以在很想念一個人的同時，依然慶幸那個人再也不會出現在自己的生命裡。

他不會慌。花開時，就開出花的燦爛；花謝時，就保持樹的風骨。

他不會等。一直停在原地的話，麻的不是腳，而是腦子。

他不會違心地活著。如果不按照自己喜歡的方式去生活，那麼靈魂每天都會喊痛。

看到有人販賣焦慮，他會提醒自己「不要拿別人的地圖找自己的路」。因為他知道人生沒有標準答案。有的人住在豪宅裡卻像是終身逃亡，有的人居無定所卻過著安定的生活；有的家庭坐擁一堆金幣卻把日子折騰得亂七八糟，有的家庭用幾根麵條就足以撐起熱氣騰騰的日子。

為某事糾結，他會提醒自己「要學會前進」。因為他明白，太在意，它就是一個巨大的、糾纏在一起的藤蔓，會很難脫身；而不在意，它頂多是根打了結的髮絲，一梳就順了。

遇到了厲害的人，他會提醒自己「不要裝」。因為他很清楚，但凡跟自己段位差不多又或者高於自己的人，一眼就能看出自己到底有幾斤幾兩。

有人對自己的選擇說三道四，他會提醒自己「沒必要跟不重要的人證明什麼」。因為他知道，不被理解才是正常的。不是非得別人理解，自己的決定才是正確的；不是非得別人認同，自己的行為才是合理的。

事情尚未發生，他會提醒自己「沒必要提前操心」。因為他知道，提前期待就像是點名的時候說「沒來的請舉手」，提前操心就等於是，還沒受傷，你就喊痛。

對現狀不滿，他會提醒自己「不要抱怨」。因為他知道，想要更好的生活，就要讓生活看到更好的自己。

既然已經來到這個世界了，那就爭取活得盡興一點、通透一點、灑脫一點。

希望你以自己的方式活在這世上，而不是一個女孩子該怎樣、一個男孩子該如何、一個小朋友就得是怎樣、一個成年人理應如何……

祝你開心，不是一臉平靜地傳著「哈哈哈」的那種開心，而是「不管做什麼，都是因為開心才去做」的那種開心。

祝你放鬆，不是實現了財務自由或者身居高位才能有的那種放鬆，而是「切換到玩家心態，遊戲我入局了，過程我盡興了，結果怎麼樣都行」的那種放鬆。

祝你自由，不是「想做什麼就做什麼」的那種自由，而是「不想做，就可以不做」的那種自由。

祝你安寧，不是戴著面具裝出來的那種安寧，而是「接受了自己的笨拙、脆弱和暫時落後，卻依然自尊、自愛、悄悄努力」的那份安寧。

祝你在成為一個井井有條的大人之前多擁有一些精神上的肆意妄為，也祝你在不動聲色的日子裡多收穫幾次心靈上的同頻共振。

祝你一年比一年通透，也祝你一年比一年自由。

老楊的貓頭鷹

二〇二三年六月十五日，於遼寧瀋陽

目錄

Part 3 困住你的到底是什麼？

Part 4 為什麼說永遠不要考驗人性？

目錄

Part 1
什麼樣的結局，才配得上這一路的顛沛流離？

站起來甩一甩手臂總比一直托著下巴要好，喝一口可樂總比滴水不沾要好，吃根雪糕總比空著肚子要好，用冷水洗把臉總比蓬頭垢面要好，起床伸個懶腰總比一直躺在床上要好，打開相機隨便拍點什麼總比皺著眉頭發一天呆要好。

如果你沒有足夠的精氣神去做正事，做一些無關緊要的小事總比什麼都不做要好；如果你沒有足夠的力量逆流而上，能盡量漂浮在水面上總比被淹沒要好。

1 積極的心理暗示：當你快撐不住的時候，困難也快撐不住了

Q：如何度過人生的低潮？

01

我有一個非常好用的「咒語」，每當我想打退堂鼓的時候，就會念上幾遍——「這有什麼難的」。

比如，跟老闆談加薪，「這有什麼難的」；跟喜歡的人告白，「這有什麼難的」；回絕某個人的無理請求，「這有什麼難的」；主動跟人打招呼，「這有什麼難的」。念了幾遍之後，膽子馬上就能變肥，臉皮變得比鞋底還厚。

我還有一個非常管用的「絕招」，每當我遇到麻煩的時候，就會搬出來用——「為糟糕的事情取一個好聽的名字」。

比如，被老闆吼了，我就叫它「如沐春風」；翻書的時候被紙劃破了手指，我就叫它「看書的福利」；遇到塞車了，我就叫它「四海升平」；被人放鴿子了，我就叫它「皆大歡喜」。

因為我明白，我肯定會被自己有限的見識困住，被有限的能力束縛，被長久以來的偏見操控，我掙脫不掉我自身的局限性，但是，這並不影響我在受挫時對著鏡子裡的自己微笑，然後像整理領結一樣整理自己的挫敗感。

因為我很清楚，如果這個問題我能解決，那我有什麼好焦慮的？如果這個問題不能解決，那我焦慮又有什麼用？

因為我知道，意外是難免的，受傷是常有的，迷茫和焦慮也是很正常的，但這個世界還有很多我喜歡的、我在意的、我想守護的人和事，所以我必須像個耐揍的拳擊手一樣，堅定地站在擂臺上，去挨揍，去反擊；像不倒翁一樣，不是不倒，而是倒下去之後，還要站起來。

生而為人，要有在局面膠著時不對勝負下結論的堅韌，要有在迷茫沮喪時不對自己下結論的定力，要有在苦楚絕望時不對世界下結論的操守。

我想提醒你的是，我們真正要學會的，也許從來就不是如何上岸，而是如何在這風雨裡度過一生。

你自己不倒，別人推都推不倒；你自己不起來，別人拉都拉不起來。

命運這傢伙，既刻薄又仁慈。刻薄在於，只要你還活著，它就麻煩不斷；仁慈在於，只要你還在往前走，它總有路。

就像是，你不幸跌落懸崖，但腿卻幸運地被藤蔓纏住了，你懸在半空中，下面有猛虎在張嘴等著你，上面有豺狼在對著你咆哮。除了沒用地喊救命，你還可以環顧四周，順便欣賞一下懸崖上的風景。然後，你會驚喜地發現，咦，這旁邊居然有紅色的漿果，摘下來嘗嘗吧，哇，居然很甜。

站起來甩一甩手臂總比一直托著下巴要好，喝一口可樂總比滴水不沾要好，吃根雪糕總比空著肚子要好，用冷水洗把臉總比蓬頭垢面要好，起床伸個懶腰總比一直躺在床上要好，打開相機隨便拍點什麼總比皺著眉頭發一天呆要好。

如果你沒有足夠的精氣神去做正事，做一些無關緊要的小事總比什麼都不做要好；如果你沒有足夠的力量逆流而上，能盡量漂浮在水面上總比被淹沒要好。

事情總是會好起來的，沒有更壞就是在好起來。

02

在武俠小說裡，主角總是能夠幸運地獲得一本藏在山洞裡的、由某位前輩用畢生所學才總結出來的武功祕笈，然後他可以在幾天或者幾個月的時間內成為一代宗師，從此開始了開掛的人生。

而在現實生活中，你也可以非常「幸運」地滑到一位「才華橫溢」的導師，然後你會在幾秒鐘的時間內花掉幾千甚至幾萬元的買課費，成了一棵綠油油的韭菜。

是的，如果你對一個事物、一個行業、一份工作沒有充分的認識，沒有獨到的優勢，甚至連入門條件都不夠格，那麼就算別人把心得體會、做事的方式方法毫無保留地告訴你，你也照樣不得要領。就好比說，即便是專家，也沒辦法讓一個十個月的寶寶講流利的國語。

事實上，沒有人能把你教好，時間、經歷、老師都只是陪襯，真正能讓你變好的，是你堅定的意志、踏實的努力、積極的心態，以及從不停止的自我修正。

不要妄圖跳過播種、施肥、澆水的漫長過程，直接就想收穫鮮花和果實；也不要誤以為只要播種、施肥、澆水了，就必須得到鮮花和果實。

很多時候，不是你做了什麼，就必須得到什麼，而是只有你做了什麼，才有可能得到什麼。

不是拚命對一個人好，就一定可以擁有美好的愛情；不是耐心地熬到三十七歲，就一定能升為部門經理；不是作息規律了，就一定可以像某KOL那樣又美又帥氣。

決定戀愛能不能順利的，不在於你對別人好不好，而在於你自身優不優秀；決定能不能升職加薪的，不在於你在這個崗位上待了多久，而在於你自身的實力配不配；決定一個人活得瀟不瀟灑，不在於幾點睡覺、幾點起床，而在於你內心的原則堅不堅定。

我的建議是，迷茫焦慮的時候，不要總想著一下子就走出迷霧，只要鼓勵自己繼續往前走就好。

艱難的時候，不要總想著遙不可及的將來，只要鼓勵自己「過好今天」就行。

情況糟糕的時候，不要總想著自己馬上就能脫胎換骨，每天能有百分之一的改變就很好了。

越是迫切想要的東西，就越要慢慢地靠近它；越是重要的路程，就越要慢慢地走完。而不是一開始用力過猛，把本就不多的耐心、毅力、熱情都耗光了。

改變命運的不是某一分鐘，而是每一分鐘。

所以，不要被「想像出來的困難」打敗。事實上，很多事情都需要長時間的嘗試、累積、碰壁、破局，才有可能知道對不對、適不適合、好不好、能不能。

不要讓後悔成為你的習慣。該學的課程，你覺得無聊，沒有好好聽課，結果別人認真學了，代表學校去參加比賽；該參加的活動，你覺得麻煩，沒有準備，結果別人去了，竟然得了大獎；該告白的時候，你礙於面子，沒有開口，結果有人捷足先登，竟然喜結良緣。多可惜呀！

不要讓「不好意思」害了你。你不好意思向心儀的人告白，結果那個人跟別人好上了；你不好意思找客戶，結果客戶在別人那裡下單了；你不好意思認錯，結果心心念念的人變成了陌生人。凡是讓你覺得應該去做的事，都要馬上去做，否則的話，時間會把你的機會和運氣一鍵歸零。

不要陷在消極的情緒裡不可自拔。這次考試沒考好、這段感情沒談好，這次任務沒做好，這都已經是過去式了，下一次考試馬上就要開始了，下一段感情也快要來了，下一個任務也已經逼近了。不管你有沒有做好準備，它們都會準時殺到。沒有哪個「敵人」會因為你沒有準備好而推遲進攻的節奏。

不要那麼頻繁地更換賽道。一個人要想從一個圈子裡脫穎而出，或者想在一個行業裡扎根，就要把自己的優勢做到極致，而不是焦慮地左顧右盼、頻繁地從頭再來。如果你把眼光放到未來三年，你會發現和你同臺競技的人很多；但如果你的目光能放到未來十年，那麼可以和你競爭的人就很少了。

不要因為討厭一個人就擺爛，不要因為討厭一件事情就選擇應付。你要專注於解決你的問題，而不是和問題糾纏。不追問「他怎麼是那樣的人」，也不沉溺於「憑什麼是他」，更別被「萬一不行呢」給嚇住了，而是要想清楚「我到底想要什麼」和「我接下來該做什麼」，然後馬不停蹄去做。

你可以焦慮、迷茫，但這和你做好手上的事情並不矛盾；你可以覺得一個人煩、討厭這個世界，但這和你努力往上爬並不衝突。

03

莫高窟[2]不是什麼能工巧匠設計和雕刻出來的，而是由普通的工匠一筆一刀地雕刻，前前後後用了一千多年的時間。

這是典型的「長期主義」，所有的長期主義者都有三大特徵：一、注重打造自己的長板；二、擁有一個長遠的目標；三、坦然地活在當下。

所謂的「打造長板」，就是在你所有的衣服裡，至少有一套是能穿得出去的；就是在你所有的能耐中，至少有一樣是能拿得出手的。就是把你喜歡的事情做擅長，把你擅長的事情做專業，把你專業的事情做頂尖，直到這個本事變成你的核心競爭力。

2 俗稱千佛洞，位於中國甘肅省敦煌市，為佛教藝術勝地。

所謂的「長遠目標」，就是你知道自己想要的是什麼，也知道自己不需要什麼。所以，你不會以交差的態度做分內的事情，不會亂用情緒去對抗暫時的糟糕局面，不會違背原則去做將來會讓自己後悔的選擇，不會輕易被眼前的小利益所誘惑。

所謂的「活在當下」，就是不對尚未開始的事情提前糾結，不對正在做的事情潑冷水，不對已經結束的事情耿耿於懷。就是即便知道「努力可能沒什麼用」，但依然提醒自己「務必竭盡全力」；就是即便相信「失敗在所難免」，也依然抱著「非成功不可」的決心；就是即便真的覺得「一切都是命中註定」，也依然在很多事情上選擇「相信自己」。

一步是走不完馬拉松的，一口是吃不成胖子的，一個晚上也是瘦不成閃電的。

怕就怕，你並不相信速成，但是總想尋找捷徑。

比如大部頭的專著你啃不完，所以特別喜歡「一篇文章講透經濟學」、「五分鐘說完中國史」，又比如兩千字的經驗分享你實在讀不下去，所以特別期待有人整理出兩百字，甚至是二十字的箴言。

你知道這種五塊錢三片的狗皮膏藥根本不好用，但你還是買了，因為這種「我努力過」的錯覺會給你安慰。結果是，你在一次次的自我安慰中沉淪。

我想提醒你的是，一夜成名需要成千上萬個夜晚，一塌糊塗也是。

再遙不可及的目標，如果除以N年，再拆成三百六十五份，就都是一些力所能及的小事；再微不足道的小事，如果乘以三百六十五天，再乘以N年，也都能成為大事。

你要做的是先試著把眼前的小事做好，先把腳下的這幾步走好，用一個接一個的、極其微小的實際行動，去打破以往的慣性和當下的困局。

要永遠記住，當你快撐不住的時候，困難也快撐不住了。

04

每個人都會經歷傳說中的「低潮期」，也有人稱之為「人生的至暗時刻」。它可能是親人離世，可能是受了情傷，可能是被壓力壓得透不過氣來，可能是被迫待在一個討厭的圈子裡卻毫無辦法，可能是被繁雜的生活日常困得動彈不得，可能是非常辛苦但徒勞無功，可能是萬般用心卻不被理解……總之是暫時沒辦法解決，別人又幫不上忙。

怎麼度過呢？還得靠自己救自己。

何為「救自己」？

就是自己對自己的情緒負責，不帶怒氣出門，不帶怨氣工作，不枕著煩惱睡覺；就是尊重自己的感受，根據個人意願去社交或者絕交，去大方消費或者做鐵公雞，去玩或者宅；就是爭取把簡單的食物做得美味，把樸素的服飾穿得舒服，把不大的房子整理整潔，把難搞的日子過得「也還行」。

還包括，在煮飯的時候把米和水的比例弄精準了，在做菜的時候把油鹽跟火候熟練掌握，在寫東西的時候把標點符號都弄對了，在洗漱之後把檯面收拾乾淨了，在出門之前把頭髮和衣領打理整齊了……

身處至暗時刻，往往最後吞噬我們的，不是處境的黑暗，而是內心的沉淪。

所以，越是難熬，就越要打起精神，化精緻的妝，穿得體的衣裳，吃喜歡的東西，做想做的事情……只要你還在努力讓自己保持一個「戰士」的姿態，你就沒輸。

你精心搭配的衣服就是你的戰袍，你的興趣愛好就是你的武器，你內心的振作就是你的衝鋒號。

具體來說，你可以試試這麼做：

停止自我攻擊。

責任上一手包辦也好，能力上妄自菲薄也罷，都不會讓糟糕的現狀變好一點，只會讓你感覺更糟。與其陷在「我怎麼這麼沒用」的消極情緒裡，不如借此機會去看一本書，去跑五公里，去拍一朵花，去吃一份麻辣燙。

設定時長。

這件事熬不住了，那就允許自己 emo 五分鐘；那件事受不了了，那就允許自己躊躇到下午三點半……允許自己 emo 一會，但 emo 完之後還要繼續發光。

學點什麼。

可以是學車，學某個軟體，學心理學課程，學畫畫，學書法，學做飯……學習新東西可以讓你獲得成就感，而成就感可以帶你走出低落情緒。

規律作息。

有很多實驗都證明過，人只要作息顛倒，就會產生負面情緒。誠如富蘭克林所說：「我從未見過一個早起、勤奮、謹慎、誠實的人抱怨命運不好。」

相信自己。

這裡說的相信自己，不只是什麼事情都覺得「我能行」，還包括竭盡全力之後坦然地承認「我不行」，以及面對討厭的人能夠大方地說「我不想行」。

拍拍胸脯說「問題不大」。

小時候覺得忘記帶作業是天大的事情，高中的時候覺得沒考上大學是天大的事情，畢業的時候覺得沒找到工作是天大的事情，戀愛的時候覺得和喜歡的人分手是天大的事情，但現在回頭看，都問題不大。

認真記錄。

記錄今天的見聞感受，記錄自己的情緒變化，記錄天氣，甚至記錄一隻鳥在窗外經過……在麻木不仁的日子裡，認真記錄就是在無聲反抗；在人生至暗的那些天，過好今天就是在自我救贖。

換個地方。

當你用遍了所有的方法，仍然不能自救時，那就想辦法逃離此地吧。不要計較成本，不要留戀過去，換個環境，放空一下。

做點積極的事。

真誠待人、精心準備食物、認真完成工作、臭美地自拍、深情地唱歌、盡興地運動、睡到自然醒……這些小事就像消消樂一樣神奇，可以清除腦子裡臃腫的私心雜念和生活中頑固的七零八碎。

尋求幫助。

可以是找朋友散步，找父母談心，和戀人袒露脆弱，也可以找諮商心理師，甚至是尋求藥物干預。

切記，「感到被愛」可以治好大部分的心裡不爽，專業的心理疏導可以帶我們走出情緒的死胡同，而藥物調節可以改變我們的激素分泌。

好好活著。

不是「認命了」，不是「就這樣算了」，更不是合理化自己的懦弱或者懶惰，而是帶著一種「老子早晚會死」的信念，然後像死過一次又拿到了「復活卡」那樣，熱烈、鮮明、清晰、專注地好好活著。

世間事大抵如此，走下去，慢慢就會，走過去。

2 做人要有一點匪氣：學會不要臉之後，人生就像開了掛一樣

Q：為什麼在社交中處於弱勢或吃虧的那個人總是你？

01

有個男生第一次坐飛機，非常緊張，他使出渾身解數假裝自己是個老司機。他緊盯著前面的乘客，看他們是怎麼辦理 check-in 的，憑藉著小聰明，他順利完成了報到、托運、安檢、登機。

直到空服員過來提供食物和飲料，出問題了。

他不好意思什麼都不要，他覺得那樣很土，於是他說：「來杯咖啡吧。」

他心裡想的是「要咖啡總比要白開水顯得有水準」。

但這時候，他腦子裡冒出來一個問題：「飛機上的咖啡要收多少錢？」

他不好意思直接問，他覺得這個問題很丟臉。於是，他機智地掏出五百元遞了過去，他心想：「找零不就行了。」

男生說，那是他這輩子最丟臉的瞬間——因為愛面子而沒了面子。

後來的某一天，他陪一個客人去一家高級餐廳吃飯。不料菜名太過於藝術，以至於他們兩個都看不懂。

就在這時候，客人喊來了服務生，非常誠懇地問每一道菜的內容是什麼？怎麼做的？什麼口味？服務員非常耐心地講解，直到客人點到了喜歡的菜色。

男生說，那一刻是他這輩子最療癒的時刻——承認自己不懂一點都不丟人。

是的，不必假裝什麼都很在行，在這個世界上，只有傻瓜和騙子才會無所不知。

人都愛面子，在很多人看來，委屈可以受，苦可以吃，但面子絕不可以丟。

比如，工作上遇到了難題，卻拉不下臉去請教別人，自己研究了好半天，還是不得要領。

又比如，別人家嫁女兒的聘金是一百萬，那麼我家嫁女兒也必須要一百萬，否則就沒面子。至於女兒以後過得幸不幸福不重要了，重要的是在外人眼裡，這場婚禮是豪華的，拿到的聘金是夠數的；以後的婆媳關係也不重要了，重要的是婆婆給兒媳的改口費是厚厚的，買的三金[3]是沉甸甸的。

那麼你呢？

朋友跟你借錢，你明明囊中羞澀，但就是不好開口拒絕，搞得你後面的生活很狼狽；明明哄一下就可以挽回戀情，卻因為拉不下臉去哄，最後遺憾地分道揚鑣了；明明各項條件都占優勢，但因為不好意思爭取，最終那個難得的晉升機會落在別人身上了；明明不想參加那個聚會，不想幫某個人的忙，卻又礙於情面不得不幫；明明很需要別人的幫忙，卻又因為愛面子，凡事都自己扛。

明明需要說「不」的事情，卻都說了「好的」。

結果是，為了面子，你讓身邊的人都舒服了，但全程都不舒服的只有你自己。

我的建議是，在某些不知好歹的人面前，你可以適當地將你內心的魔鬼釋放出來，擺在檯面上，讓那個煩人的人知道：「我對你的請求很不滿」、「我覺得你很煩」，以及「我不想對你夠意思」。

真的不用擔心被說成「性格糟糕」，你除了性格糟糕這一個缺點之外，不是還有很多缺點嘛。也真的不用怕得罪了人，得罪人比得憂鬱症要划算得多。

3 中華傳統聘娶婚俗中的三大金飾。

02

有個男生長得一般，家境一般，舞技也一般，但他卻總能在各種舞會上出盡風頭，因為他的舞伴常常是全場最漂亮的。

他曾經因為長相問題自卑過，參加舞會的時候只敢去邀請長相普通的女生，但在三番五次被拒絕之後，自認為顏面掃地的他有了一個「偉大的發現」：舞會上的絕大多數男生跟自己一樣，都不敢去邀請最漂亮的女生，這使得長相普通的女生特別搶手。

於是，他做了一個大膽的決定：放下面子，邀請全場最漂亮的女生。有一大半的機會，對方會欣然接受，而就算被拒絕了，也沒什麼丟臉的。

所以每當舞曲響起，他就徑直走向全場最漂亮的女生，自信地做出邀請的動作。

他甚至將這個「偉大的發現」用在了找對象上，同樣發生了奇效。一次偶然的機會，他對某電視臺的漂亮女主播一見鍾情，經過多番打聽，他向女主播展開了熱烈的追求，並如願以償地娶回家了。

婚後的某天，太太問他：「我一直很納悶，別人都不敢追我，你長得這麼醜，又沒錢，又沒權，怎麼就敢追我？」

他得意地說：「我膽大、心細、臉皮厚囉。」

你對這個世界「不要臉」了，它才會呈上成長的機會和各式各樣的桃花運，而不再對你吝嗇以對。

多數人都是缺自信、低自尊、壓力大、焦慮自卑的綜合體，在遇到好的機會、喜歡的人的時候，第一反應常常是「我不配」、「我不行」，然後就會習慣性地退縮，習慣性地知難而退，習慣性地放棄，結果是任由好機會和好運氣白白地溜走了。

拉開人與人之間差距的，往往就是面子二字。

同樣是普通人，各方面的條件並不出眾，但這個能撇下顏面、果斷出擊、猛烈追求的人，他的桃花運一定是最旺的。

同樣是實習生，現階段的能力都差不多，但那個能撇下面子、不停追問、不怕犯錯、不斷找事做的人，他的成長速度和機會一定會遠超旁人。

而這解釋了「為什麼很多人聰明能幹，但一輩子都活在社會的底層」。

因為他們跳不出「面子」的束縛。這些人從小就被灌輸的理念是：不要惹事，要聽老師的話，要聽老闆的話，爸爸媽媽幫不了你什麼。所以他們習慣了服從，習慣了忍讓，習慣了當老好人，習慣了不爭不搶，就像是從小被家養的老鷹，就算有翱翔天際的本事，也會因為「怕這怕那」而無法衝上雲霄。

不管你要做什麼事情，都會有人潑冷水。不管你說什麼觀點，都會有人唱反調。與

其投其所好、百般討好，去換對方一個勉強的微笑，不如潔身自好、努力變好，管他愛笑不笑。

03

刺蝟小姐屬於那種「在被冒犯的瞬間就能馬上做出反應的人」。

比如經過美髮店的門前，店員發傳單的時候，她的閨蜜總是滿臉堆笑地跟人解釋「我為什麼不需要這個」，這時候往往會有好幾個店員把閨蜜圍起來，甚至還有人把閨蜜往店裡拉。

而刺蝟小姐會直接翻個白眼，再擺上難看的表情，然後丟下一句：「離我遠一點，擋到我的路了。」基本上不會再有人過來找碴。

又比如排隊買票，遇到有人插隊，她的閨蜜總是面露難色，但不敢吭聲，而刺蝟小姐則會用滿格的音量質問對方：「你好，請問你是插隊嗎？」

如果對方假裝沒聽見，她就一次又一次地問，直到插隊的人灰溜溜地走開。

適當地有脾氣，可以規避社交上的大部分問題。

比如說，A向你借了一萬塊，他說一個星期之內肯定還給你。過了十多天，A根本不提還錢的事。你扭扭捏捏地去問A，還特地編了一個可憐巴巴的缺錢的理由。

但A竟然說：「你這個人怎麼這樣啊，不就一萬塊，有必要追著我要嗎？」然後，A逢人就說你的不是。

最後，借錢給他的是你，說話不算數的是他，但你成了小人。

你不喜歡吃漢堡，每次有漢堡的時候，你都給了B。一開始，B很感激，但時間久了，B就習慣了。有一天，B看到你把漢堡給了C，於是氣鼓鼓地跑來質問你：「憑什麼把我的漢堡給別人？」B忘了，這本來就是你的漢堡。而且B不知道，C把他的雞米花給你了。但他只看到你把漢堡給了別人。

最後，做好事的是你，小氣的是他，但你成了壞人。

小時候，父母和老師教導我們：別人說了「對不起」，我們要說「沒關係」；但長大後，社會卻教導我們：一旦說慣了「沒關係」，就經常會有「對不起」。

所以千萬要記住，你不需要在任何時候都有氣度、格局、禮貌。懂不懂禮貌，有沒有格局，關鍵是看你的對面是誰。牠是隻蒼蠅，你為什麼要忍耐牠的骯髒？牠是隻老鼠，你為什麼要容忍牠的無良？

我們生活的目的，主要是為了照顧好自己的感受，而不是為了收穫別人的看法。

這個世界比較討厭的地方是：好人不想撕破臉，而壞人根本不要臉。

為什麼很多好人後來都變得高冷了？因為做好人太容易受傷了。

為什麼做好人就容易受傷？因為你總是說沒關係，別人就認為怎麼對你都無所謂。命運就是這樣欺軟怕硬，誰膽小，它就欺負誰。

所以，遇到了難搞的人或者糾結的事，你要搞清楚這三件事：

一、任何事情都是經由你允許才發生的。

不管是在社交中處於弱勢，還是在感情中處於被動，都是經由你允許才發生的。也許是你的底線一降再降，所以別人越來越不把你的底線放在心上；也許是你對別人的試探毫無反應，所以你的原則才會被人一再踐踏。

二、自我反省不等於自我否定。

遇到問題，就想方設法去解決問題，而不是解決自己。至於別人怎麼看你，那只是別人的事，你根本就管不了；而你怎麼活，從來都是你自己的事，別人事實上也管不了。別人看不起又怎樣？他們又不給你錢花。他們看不慣又怎樣？你又不用靠他們養老。

最關鍵的是第三點：並不是動手打人才算暴力。暴力還包括：打斷你說話、嘲笑你沒做成某件事、肆無忌憚地拿你和別人做比較，以及讓你覺得自己不配擁有更好的人生。

04

為什麼你明明很善良，會給乞丐零錢，會接傳單，會幫人解圍，會讓座給老人、小孩、孕婦，會幫拿著東西的鄰居開大樓的門，會買吃的給流浪的阿貓阿狗，會拿真心換真心，卻沒有人善待你呢？說好的「好人有好報」呢？

因為人和龍蝦一樣，會根據姿態來評估對方好不好欺負。如果你總是給人「我很好說話」、「我什麼都不計較」的印象，那麼別人就會有意無意地利用你、差使你，反正你又不會把他怎麼樣。

人性就是這樣，喜歡委屈老實人，善待不好惹的人。

那麼，怎樣讓別人覺得自己不好惹呢？這裡有五個建議：

一、對於不想做的事、不想幫的忙，就說一聲「不」，不要編造理由來解釋為什麼，「不」就是最充分的理由。

二、當有人做了你喜歡的事情時，當眾讚美他們：「我喜歡這樣。」當有人做了你不喜歡的事情時，及時告訴他：「我不喜歡這樣。」

三、與不喜歡、不太熟的人打交道時，直白地告訴他們你的決定、選擇和原則，不要徵求許可或者詢問意見。

四、對於不想繼續的話題，可以直接說：「我還沒有準備好聊這個。」

最重要的是第五點，要熟練掌握三個原則，用「關你什麼事、關我什麼事」來處理跟大多數人的關係，用「有求才應，不求不應」來處理跟少數親密的人的關係，用「一個人活色生香，兩個人相得益彰」來處理跟戀人的關係。

一旦你意識到自己的精力有限、時間寶貴，你就不會再為面子煩心，不會內耗於某個人的陰陽怪氣，不會在「有怨不敢言」的漩渦裡自我拉扯，不會費心思去分析某某對自己的看法，更不會浪費時間在網路上跟陌生人吵個沒完……

最多就是賞給對方一個合法的微笑，然後在心裡面丟下一句：「對不起，我沒時間討厭你。」

如果對方就喜歡拜年話，你也可以這樣說：

「也沒什麼好祝福你的，就祝你有好果子吃吧。」

「也沒什麼好招待你的，那你就哪邊涼快去哪邊待著吧。」

05

何為匪氣？匪氣主要包含三個方面：

一、像獅子一樣的地盤意識，就是「我盡量不給你添麻煩，但你也最好也別來煩我」。

二、像狼一樣的目標感，就是「我想要什麼就窮追不捨，未達目的誰也別想攔我」。

三、像陶罐一樣的厚臉皮，就是「生死看淡，不服就幹。別人藏著匿著的窘迫，我都坦然以對；別人眼裡的丟臉囧事，我看得雲淡風輕」。

匪氣不是胡作非為的惡習，也不是不講道理的霸道，而是鬆弛、自信、果敢，是「你不喜歡就不喜歡吧」的坦然，是「我做什麼我自己負責」的擔當，是「我不想枉此生、負此行」的豪情。

那麼，有匪氣的人是如何社交的呢？

一、「別人的事，與我無關」。這是人際關係中最基本的邊界。故意混淆邊界感的人，要嘛是蠢，要嘛是壞，要嘛是又蠢又壞。

二、「我自己的事，與別人無關」。自己做決定，自己想辦法，自己承擔後果，不需要他人的恩准，不需要他人的評判，也不會把責任推卸給他人。

三、「你是對的，但我也沒錯」。這個世界上原本就存在完全相反的正確，我不想說服你，但你也不要枉費心機來說服我。

四、「我是個好人，但要看對誰」。雖然我是個好人，但不代表我應該做好事，更不代表我應該為你做好事。

五、「離我遠一點，不行的話，我就離你遠一點」。缺少距離就缺少尊敬，因為太過熟悉就會增加輕蔑，任何人在他的貼身僕人眼裡都不是英雄，這就像孔夫子說的那樣：「近則不恭」。

最後，望周知，我在你面前，主動變成軟柿子，是想讓你嘗一口甜，而不是讓你捏的。

哦，對了。關於匪氣還要注意兩點：

一、我們既要靠匪氣來守護自己的邊界，同時也要尊重別人的邊界。

不是朋友會做設計，你就可以理所當然地覺得自己家新房的裝修都由他包辦了；不是朋友在外國，你就覺得他應該為你跑遍所有的商店，只為幫你買到某個便宜的東西；不是朋友順路，你就理所當然地可以搭便車；不是朋友暫時不忙，你就可以隨便地差使他。

二、氣勢要有，但沒有實力管用，所以最好還是去學一學法律，去強健一下身體，以及多賺一些錢。

你一定聽過「惡人自有惡人磨」、「惡有惡報」、「惡人自有天收」之類的話吧。

如果你是惡人，聽到這些話的時候，內心一定是得意的，因為說出這些話，就意味著

「你拿我沒辦法」。

所以，要強壯，要有錢，要有見識。

只有站在比別人高的位置，你的低頭才有效果。

3 抱怨是毒藥：沒有人是隨心所欲地活著，抱怨只會顯得你的演技很差

Q：人中龍鳳尚且舉步維艱，我等魚目豈能萬事順遂？

01

如果有人跟我抱怨他的另一半「非常糟糕」，我第一次往往會好言相勸，第二次就會直接說：「趕快分手吧。」

如果有人跟我抱怨他的老闆「有眼無珠」，我第一次往往會幫他分析利弊，第二次就會直接說：「快辭職吧。」

如果有人跟我抱怨他的生活，我第一次往往會耐心地聽完，再幫他分析，給出建議，第二次就會直接說：「有事要忙，下次再聊。」

我不是不願意聽你抱怨，我只是不願意反覆聽你抱怨。我抗拒的不是你絮絮叨叨的

嘴巴、憂鬱且憋屈的臉，而是我感覺受到了某種「威脅」，就是我已經全然地瞭解了你說的事情，也就你所說的事情向你表達了同情和寬慰，而且還提供了足夠的陪伴，給出了誠心的建議，但你又說一次，你到底要我怎麼樣呢？

你頻繁的抱怨只會加深我的偏見，就是：以你當前的認知、能力、勇氣和眼光，你抱怨的伴侶，很可能就是你能擁有的最好的伴侶；你抱怨的老闆，很可能就是你能選擇的最好的老闆；你抱怨的生活，很可能就是你配得上的最好的生活。

為什麼有那麼多人喜歡抱怨？

因為透過抱怨，他會產生一種「我很無辜、我很純潔、我很有才華、我很有魅力」的錯覺。進而得出「周圍的環境太虛偽，只有我一個人是真誠的，所以我是不媚俗的存在」、「周圍的人那麼糟糕，只有我一個人是能幹的，所以沒重用我，就是主管沒眼光」之類的結論。

但實際上，他只是想掩蓋自己懦弱、貪婪、懶惰、缺乏力量的真相，他沒有勇氣直面現實，只能用自我欺騙的方式來掩飾自己是個孬種的事實。

因為透過抱怨，他會以為別人能更理解自己。但其實這是一個盲點，因為在抱怨的時候，別人接收到的往往不是內容，而是情緒。抱怨只是在消耗別人的能量，而人都會有累和煩的時候，都會有要忙的事情。

他抱怨著，卻忽略了對方可能今天也很煩，卻還得在電話那頭靜靜聽著；忽略了對方今天可能還有很多事情要忙，但還在他面前耐著性子陪著。他不知道聽抱怨是一件很辛苦的事情，那結果自然是，他得到的不是理解，而是疏遠。

一個善意的提醒，頻繁把負能量傳給別人的人，就是一根心靈的「攪屎棍」。

02

曾收到一個大三男生的私訊，大意是說，他家裡很窮，長相普通，性格內向，沒有特長，也沒什麼值得一提的興趣愛好，看著別人出雙入對，他打不起精神，每天過得渾渾噩噩的。

但他的問題卻是：「我很窮，沒有女生願意和我談戀愛，我該怎麼辦啊？」

我反問了一句：「照你的描述，你的問題還應該有：『我長相普通，沒有女生願意跟我談戀愛，該怎麼辦？』、『我很無趣，沒有女生願意跟我談戀愛，該怎麼辦？』、『我沒有特長，沒有女生願意跟我談戀愛，該怎麼辦？』、『我個性不好，沒有女生願意跟我談戀愛，該怎麼辦？』但為什麼你只問『我很窮，沒有女生願意跟我談戀愛，該怎麼辦』？」

他回了我三個問號。

我接著說：「會不會是因為，只有問這個問題，你才能把『沒有女生喜歡』的理由全都推到別人頭上，怪別人物質、功利，所以造成如今的局面，全都『不是我的錯』。但是你有沒有想過，一個人要想和你談戀愛，總要從你身上找到亮點。你總不能要求別人就喜歡你的窮、醜、無聊、個性差吧。」

你所謂的「我很窮，所以找不到女朋友」的原因，有很大的機率是你生性自卑，極度社恐，每時每刻都窩在自己的殼裡顧影自憐。

更大的機率是，你不修邊幅，雙商極低，說話不經大腦，缺乏上進心，沒什麼拿得出手的興趣愛好，還有高得嚇人的自尊心……

於是，你在情場上四處碰壁卻不肯承認是自身的問題，就把「鍋」甩給父母，甩給原生家庭，甩給談戀愛只看錢、看臉、看家境的異性。

但我想提醒你的是，一個人要想在人群中脫穎而出，依賴的根本就不是「有錢」，而是「特別」。

你成績好有人喜歡你，你打球好有人喜歡你，你攝影好有人喜歡你，你打遊戲好有人喜歡你……這些「好」都能讓你在芸芸眾生中散發微光，讓異性的目光暫時落在你身上。

所以，你要試著從兩個方向努力：

一是要讓自己身上的某個優點變得更加突出。

比如有的人覺得你很可靠，很有安全感，那你就要謹慎地發飆，控制好情緒，不要喜怒無常。

比如有的人覺得你很幽默，每天都很快樂，那你就別動不動搞憂鬱，裝深沉。

比如有的人覺得你學識淵博，相處起來很舒服，那你就在學業上力爭上游。

二是要試著拓展自己。

比如有人以為你只是一個普通的書呆子，沒想到你還會吹口琴。

比如有人以為你只是一個考試機器，沒想到你還是旅遊達人。

再比如有人熬夜做六頁 PPT 能忙到崩潰，沒想到你半個小時就能做得漂漂亮亮的。

總之，是因為別人覺得你這個人有點意思，有點東西，有點特別，所以才會想要進一步瞭解你。

反之，如果你什麼都沒有，你的世界在等待一場戀愛來拯救，那只能說明你的世界根本就撐不起一場戀愛。

畢竟啊，愛情是互相照亮，而不是借誰的光；是共生，而不是寄生。

03

為什麼我總是勸你不要抱怨？

因為抱怨會給人一種感覺：你過得很不好，你這個人很糟糕，你的命很苦，你的文化素養很低，你很好欺負。

還因為再鐵的關係也經不起頻繁的訴苦與抱怨。一旦你把別人的同情和憐憫視為你糟糕生活的止痛藥，那麼別人就很難把你放在一個跟他平起平坐的位置上。

許多人抱怨不公平，只不過是為了給自己找個脫罪的藉口，好把「我這麼弱、這麼low、這麼蠢」的責任全推給別人、推給社會、推給時代、推給命運。

但問題是，你不能一邊抱怨自己身在泥濘之中，然後一邊不把腳拔出來。

你一定見過這種人：

他整天對生活、對他人不滿，說這個人對不起他，說那個人欺負他，說同事讓他陷入了糟糕的境地。

他憤怒於世道不公，讓他這樣的有才之人沒有用武之地，他抱怨公司的環境不好，說遇到這樣的同事就是倒了大楣……

似乎他的命運永遠都被一攤爛事、爛人纏著，像蜘蛛網一樣讓他動彈不得。

某件事情搞砸了，他堅信「這不能怨我」，他怪的是那天的天氣、交通，怪那次的合作夥伴或者某個主管。

即便是真的遭遇了不公平，他也不會針對性地跟人求助，更像是在肆無忌憚地發射負能量炸彈。他希望每個聽到的人都能承擔起幫他解決問題的責任，但他這麼做的實際後果卻是在讓每個人不快。

他不會換位思考，也不在乎別人的感受，他只圖一時嘴快，讓周圍的人也跟著心生戾氣；他習慣了靠貶低環境來抬高自己，習慣了從外人身上找原因，永遠不會承認自己的缺點、錯誤和能力不足，堪稱是「嚴以律人，寬以待己」的典範。

他別的都不擅長，就擅長憤怒和抱怨，他個人能力一般般，人品和口碑也一般般，但活得特別「有態度」——對誰都不滿，似乎這種忿忿不平的態度就是他行走江湖的資本。

但隨著時間的流逝，在他日復一日的抱怨和牢騷之外，誰也沒看到他做出什麼成績來，不管是從事的行業、份內的工作、晚上做的飯菜、出遊時拍的風景、跟人相處時的言談舉止都毫無亮點可言，有的只是誰都不服的憤怒和誰都不喜歡的怨言。

在這種人眼裡，生活是沒意義的，努力是沒用的，現實是黑暗的，人性是醜陋的，只有他自己是無辜且清白的。

一旦他發覺有人在疏遠他，他還顯得特別委屈：「這世道怎麼了？說點真話都沒人願意聽。」

抱怨證明不了什麼，只能證明你是一個非常普通的 loser。

什麼叫 loser？就是犯錯後不內省、不探究，既捨不得批評自己，也聽不進去他人的批評，習慣了花費大把的時間、精力用於掩飾自己的失敗或者解釋自己的無能，這種人永遠將自己視為「受害者」，受制於某個陰謀、糟糕的老闆或者惡劣的天氣。

所以我想提醒你的是，既然遇上了淒雨冷風，既然知道了寒冬將至，如果你只是一隻普通的松鼠，你就該去囤積松果，而不是上躥下跳、陰陽怪氣地罵這鬼天氣。

假如你正在走或者已經走完了一段孤立無援的夜路，當有人問起時，一定不要說它的黑燈瞎火和當時的孤苦伶仃，你要說它的星光璀璨和你的一路高歌。

還是那句話，你要想更好的生活，就要讓生活看到更好的你。與其哭喪著臉，讓人一眼就看穿你的囊中羞澀和草木皆兵，不如讓生活知道，你和它一樣，不好收拾。

04

你跟生活抱怨：「好苦啊。」

生活對你說：「那我幫你加點糖吧。」

你問：「加什麼糖？」

它說：「加點荒唐！」

有些抱怨是可以得到原諒的，但有的不行。

比如說，老闆進辦公室之後，發現垃圾桶沒人收拾，就去問打掃阿姨，打掃阿姨給的解釋是：「昨天辦公室的門鎖更換了，我沒有拿到鑰匙，所以沒辦法打掃。」老闆可能會說：「哦，原來如此，那沒事了。」

但如果你是公司的副總，是某個專案的負責人，是團隊的中堅力量，那麼「沒辦法完成任務」是很難被原諒的。就算你的理由充分，你也要接受批評，抱怨是沒用的，你只能想方設法去解決問題，而不是找理由來搪塞責任。

絕大多數的抱怨都是來自於「我也沒辦法」、「我是無辜的」、「我是受害者」。所以，遇到一個糟糕的老闆或者同事，開始了一段糟糕的友情或者戀情，你都要有一種清醒的認知：「這是我自己選的」或者「這是我自己造的孽」。

只有當一個人完全意識到，當下的一切都不是被迫，而是自己的選擇時，你才會真正地為自己的生活負責。而只有當你打算對自己負責的時候，你才能開啟全新的生活，而不是陷在某個糟糕情緒的泥坑裡。

心理學上有個專業名詞叫「自證預言」，就是你內心把外界或他人解讀成什麼樣子，你有很大的機率就會活成你哀怨的樣子。

比如說，你認為自己不是讀書的料，那麼你即使有時間也不會好好學習，因為你認為學不進去，學了也白學，結果考試一塌糊塗，於是你對自己說：「嗯，我果然不是讀書的料。」

又比如說，你認為自己跟某人合不來，你就會不知不覺地挑對方的毛病、緊盯著對方的缺點。你會嫌棄他的品味，質疑他的動機，甚至連他說話的聲音、走路的姿勢都跟著討厭起來。結果你和他很難相處下去，等到分道揚鑣或者撕破臉的時候，你就對自己說：「嗯，果然不是同路人。」

是的，如果你總是以「受害者」的心態自居，那你就會越來越像一個受害者。

事實上，沒有一份工作不辛苦，沒有一種活法不委屈，也沒有一種人生不複雜，不是只有你一個人有壓力，也不是只有你的事情很麻煩，而是人人都有他的煩，事事都有它的難。

那些看起來比你順心的人，也和你一樣，壓力重重，麻煩不斷，疲憊不堪，他只是在黑暗中把口哨吹得更響亮一些罷了。

假如生活關上了你的門，那你就試著把它打開，這就是門，門就是這樣用的。

05

雖然抱怨常常惹人煩，但不可否認的事實是，每個人都有想抱怨的時候。那麼抱怨的正確「姿勢」是什麼樣的呢？

一、只針對某個具體的問題來表達你的不滿。比如網速不夠用，就說網速不夠用，不要上升到公司制度或者老闆的為人。

二、只針對有權改變狀況的人進行抱怨。比如鄰居家的聲音太大了，你就直接跟鄰居說或者去物業反應，或者報警，而不是逢人就說「鄰居怎麼那麼沒品」。

如果倒楣，遇到了喜歡抱怨的人該怎麼辦呢？

一、永遠不要讓賣慘的人靠近自己。要快速地遠離，要馬上、立刻！

二、暫時離不開，就聽他說，別給建議，別做評價，讓他說，說到他自覺沒趣為止。

三、不想聽的話，就比他更誇張地抱怨，他就會反過來開導你，就不好意思再跟你抱怨什麼了。千萬不要安慰他，那樣會被他視為認同和鼓勵，讓他有遇到知己的感覺。

當然了，如果你實在躲不開，那就在心裡放一個木魚，對方的抱怨一開始，你就木魚敲起來，《金剛經》誦起來，他抱怨多久，你就超度多久。

4 人生的意義：如果道路本身很美，不要問它通往何方

Q：到底是什麼樣的結局才配得上這一路的顛沛流離？

01

有一個特別好玩的段子：「我討厭和那些只想到達目的地的人一起爬山，我喜歡那些不介意走一會就停下來看看腐爛的木頭、幫蜘蛛拍照，或者抬頭看天上的某片雲的人。如果所有人都想快速地到達山頂，短暫的停留只是為了吃東西或者喝水，那就太沒意思了。理想的旅行夥伴是動物專家、植物專家、昆蟲專家、充滿好奇的人，以及屁股好看還比你走得快一點點的人。」

但在現實中，能夠停下來的人越來越少了，大家得了一種名叫「不快樂」的病，病症是，很緊張，很焦慮，很慌張。

周圍的一切都在教你「如何變得更緊張」：老師天天提醒「沒考上大學就完蛋

了」，父母天天叮囑「找不到好工作就完蛋了」，好心的親戚天天都在恐嚇「再不結婚生小孩就完蛋了」，網路上的路人甲乙丙丁天天都在咆哮「再不成功就要完蛋了」。

似乎每個人都在告訴你，明天還有很多問題在等著你。而你的現狀卻是，今天還有很多問題都沒有解決。

你覺得自己就像一頭眼前掛著紅蘿蔔的驢，每天轉著圈子拉磨，為一個很可能得不到或者得到了又不能怎樣的東西累死累活。但也不能停下來，因為停下來可能會被做成驢肉餡的餃子。

你覺得自己的人生就像一艘漂流在水底的潛艇，真實的感受無人可說，對別人的快樂也無法感同身受。你活得既不激動，也不感恩，還不期待，對人生已經是連寫「到此一遊」的興趣都沒有了。

你理解不了，每天為工作、為生活、為家庭忙個不停，可日子還是麻煩不斷，這日復一日的辛苦到底是為了什麼？

全心全意地對某個人好，可感情說淡就淡，關係說散就散，曾經的付出有什麼意義？

完成了父母的期待、又馬不停蹄地去讓自己符合社會成功的標準，似乎永無出頭之日，這樣的生活有什麼盼頭？

一輩子求這個，搶那個，爭這個，到最後都是「終有一死」，那活著有什麼意義？為什麼我們從野獸變成人，獲得了充足的物質生活和高級的精神享受，可是到頭來，我們卻活得還不如野獸純粹快樂？

我猜是因為你對生活有一些誤會：

一、你誤以為自己努力實現了某個目標，就理應得到幸福。不是這樣的。你以為一步一步地完成目標，自己就能魚躍龍門，從此步入人生巔峰，但要不了多久就會發現，身邊全是龍，而自己還是最弱的那個。

二、你把「有意義」等同於「過程是愉快的，結果是美好的」，一旦覺得不快樂，一旦覺得不如意，就覺得自己做的事情無意義。不是這樣的。

比如登山。你要去山頂看日出，你就不能說攀登過程中的辛苦無意義。

比如學習。你要反覆練習、理解、消化、琢磨，這必然很累、很單調，但你還是想堅持，因為你知道自己想要什麼。

三、你稍微努力一下就想快點得到回報，稍微上進一點就想馬上看到進步。不是這樣的。

才去了三次健身房，就想著要馬甲線；才看了半本書，就想成績突飛猛進；才加了兩次班，就想下個月升職加薪，怎麼可能呢？

四、你認為只有做有價值的事情才叫有意義。不是這樣的。不是只有讀書、工作才叫有意義，看閒書、跑步、社交、追劇也有它們的意義。

如果一件事情是你喜歡的，那麼它就意義非凡；如果在浪費的時間裡獲得了樂趣，那麼你就不算浪費。只要你是開心的，那麼人生這條路怎麼走都沒事。

我的意思是，人應該享受這個世界，而不是企圖理解這個世界。

02

你也想活得再熱鬧一點、再豐富一點，吃得、用得、穿得再好一點，在社交平臺上再活躍一點，以便告訴所有人：「我在他鄉滿好的。」

但一不小心，你就陷入了焦慮、沮喪、浮躁的狀態中，腦袋裡空空蕩蕩的，眼神空洞洞的，長一點的影片看不下去，長一點的影集也追不到結局，長一點的考驗也沒有耐心等下去。

每天只是漫無目的地滑著短影片和各類熱門搜尋、段子，曾經那個有希望、有趣味、懂浪漫的你消失了，取而代之的是連發動態都憋不出一句原創句子的你了。

你也想多看書、多出去走走、多結交朋友。

但書買了很多，拆開了頂多就是翻兩頁，然後拍照發動態，之後就扔在書架裡長灰塵。

旅行的攻略也經常滑，但旅行的計畫總是輕易就被「假期太少」、「囊中羞澀」、「沒有人一起去」之類的理由給打消。

所謂的新朋友也只是互相添加通訊軟體好友，然後在社交平臺上幫彼此按個讚，就再也沒有其他的聯絡了。

說你活著，卻像是已經死了。死在破碎的三觀裡，死在縹緲的憧憬裡，死在無望的期盼裡，死在虛無的回憶裡。

說你死了，卻又還活著。活在生活的雞零狗碎裡，活在社會的邊邊角角裡，活在旁人的七嘴八舌裡，活在親人給的壓力裡，活在兒時的夢裡。

久而久之，你在找錢和找對象中選擇了找不到路，在脫單和脫貧中選擇了脫髮，在做人和做事中選擇了當牛做馬，在變美和變瘦中選擇了變態。

一個人越是活得無趣，就越沒有盼頭，他的眼睛就會漸漸沒有光。

反之，一個人活得越有趣，他看待人生的態度就會越鬆弛，被命運堵在牆角動彈不得的情況就會越少。

無趣意味著什麼？意味著人生這場劇，你還未登場，就已經失去了懸念。

有趣意味著什麼？意味著，你知道這個世界有很多好玩的地方、有趣的事和可愛的人，你必須親自參與，才更有意思。

我的建議是，勢頭不好的時候不要責怪世界，狀態不好的時候不要責怪自己。覺得累了就好好休息，覺得無聊就做點自己喜歡的事情。

要借用熱愛的力量在生活的海上乘風破浪，而不是任由自己被無趣的生活生吞活剝。

就像蘇軾在詞裡寫的：「莫聽穿林打葉聲，何妨吟嘯且徐行。竹杖芒鞋輕勝馬，誰怕？一蓑煙雨任平生。」

你的親人、朋友、戀人就是你的「竹杖」和「芒鞋」，他們存在的意義就是為了讓你在跟世界單打獨鬥時敢說一句：「我不怕。」

就像李白的詩裡寫的：「五花馬，千金裘，呼兒將出換美酒，與爾同銷萬古愁。」

你的野心、興趣、夢想就是你的「五花馬」和「千金裘」，它們的作用就是為了「與爾同銷萬古愁」。

人活一世，其實就兩件事：一是讓身體舒服，二是讓靈魂自在。

所以，如果有煩人的親戚在別人的婚禮上問你：「看別人結婚，你會怎麼想？」你就微笑著說：「當然是在想什麼時候開席啦。」

如果有可愛的人問你：「眼神呆呆的，在想什麼？」你就告訴對方：「想起了我在天庭當仙女的日子。」

如果你在乎的某某見識了你的糾結和彆扭，你就跟他「解釋」一下：「我和這個世界，有過情人般的爭吵。」

如果你想短暫地躺平一下，你就回嘴那些逼你努力的人：「總有人要當廢物，為什麼不能是我呢？」

如果某人偏要在這個時候安排任務給你，你就寬慰他：「放心吧，交給我的事是一定會搞砸的。」

如果半夜睡不著，你就「昭告天下」：「希望睡著的人都拉肚子！」

03

每個人的青春都會有那種茫然不知所措的感覺，都會有「人生無意義」的虛無感，就像是在傍晚時分出海，路不熟，還遠。

那麼，我們該如何面對人生的「無意義感」呢？

第一，主動地參與生活，而不是冷眼旁觀。

動起來，去學習新技能、堅持某一項愛好、抓緊時間旅遊或者談情說愛，要在這路遙馬急的人間不停地更新認知和體驗，然後思考「我想要什麼」、「我想去哪裡」。

坐在空蕩蕩的房間裡，盯著螢幕，用找碴的眼光看待世間萬事萬物，這是不可能消除「無意義感」的。

第二，學會在工作之外做個閒人。

去一個新的地方，讀不同類型的書，和其他領域的人打交道，換一種打扮風格，換一條路線回家，畫個笑臉，頻繁地拍照記錄，在能力範圍之內做善事，寫東西或者做好吃的……

總之是，去探索未知的世界，輸入新鮮的知識，輸出有價值的東西，以及允許自己放空一會，做一點無意義的事情。

不要總是把「沒錢、沒時間」掛在嘴邊。你有能力，就去看山河大地；力不能及，就去看小雞啄米。

第三，一定要熱愛點什麼。

吃喝玩樂、花鳥蟲魚、遛狗逗貓、讀書、電影、運動、健身、旅行，甚至是打彈珠，都可以。

如果說麻煩的生活是一場密室逃脫，那麼熱愛就是亮著光的逃生出口。

第四，活得真實一點。

不快樂的人有一個很重要的原因是：總是試圖表現自己並不具備的品質。比如樂善好施、笑臉迎人，好讓自己看起來很友善；比如幫同事撒謊、跟主管講好聽的假話，讓自己看起來更懂人情世故。

結果是，你騙來了別人的好感，卻忘了自己的薪水根本就沒漲、自己的能力也根本沒變強，反倒是需要撒的謊更多了，需要講的假話更多了，需要疲於應付的假笑更多了。

與其享受外界的虛假，不如享受自己的真實。真實的你可能距離完美很遠，但離快樂很近。

第五，把注意力放在體驗上，而不是結果上。

即便結果沒有如願，你也有幸親身參與了。而這一路上你遇到的人、吹過的風、看過的日落和紅過的臉，都會變成你區別於旁人的獨特記號。

即便是像驢拉磨，你也可以好好地體驗拉磨過程中的喜怒哀樂，還可以跟旁邊拉磨的談個戀愛或者拜個把子。

更重要的是，一旦你把注意力放在體驗而非結果上，你就會慢慢地鬆弛下來。你就會樂於做一個「快樂的笨蛋」，而不是一個「看似深刻但很不快樂的偽哲學家」。

所謂「鬆弛」，就是切換成「玩家心態」。並不是實現財務自由或者身居高位才能有鬆弛感，而是「這場遊戲我入局了，過程我盡興了，那麼即便出局，我也是坦然出局」。

是的，如果道路本身很美，不要問它通往何方。

5 把自己當回事：沒有實力地對別人好，很容易被定義為「討好」

Q：什麼都在漲價，就自己在掉價，怎麼回事啊？

01

心理學有個專業名詞叫「迴避型依戀」，在感情裡的表現大概是這樣子：遇到了喜歡的人，心裡的小鹿亂撞一通，但如果對方開始回應自己，又會下意識地想躲。

接近喜歡的人從來都不覺得輕鬆，而是既緊張，又恐懼，有時候甚至會因為承受不了這種緊張與恐懼，只好透過疏遠或者放棄來緩解。

間歇性想談戀愛，持續性享受單身；怕被拒絕，所以先拒絕別人；怕被傷害，所以乾脆不愛。

不想負責，也不想被負責；不喜歡承諾，也不喜歡被承諾；總是用一種消極的態度來看待親密關係，然後在日常的相處中尋找「你果然不愛我」的蛛絲馬跡。

難怪那麼多人都說，迴避型依戀的人還是別談戀愛了。甚至就連迴避型依戀的人自己都認為：「沒有誰有義務忍受這樣的我，還是離我遠一點吧，我不配談戀愛」、「認識我，辛苦你了」。

好像一旦被貼上「迴避型依戀」的標籤，就跟親密關係徹底無緣了。

但事實上並非如此。

迴避型依戀的人表面上迴避的是親密，實際上迴避的是真實的自己。

你習慣了戴著面具生活，一旦靠近某某，就意味著要袒露真實的自己，你怕摘下面具之後，那個人不喜歡。你看似捨不得給出你的愛，但實際上你早就準備了，但又怕對方嫌棄，於是選擇藏起來不給。

你覺得真實的自己是不值得被愛的，畢竟連自己的父母都會嫌棄，都需要自己假裝成一個討喜的小孩來取悅他們，更何況是別人呢？

你習慣了用悲觀的情緒綁架自己，習慣了用逃避的方式保護自己。所以，不管你想要做什麼、靠近誰、愛誰，你的潛意識都會跳出來警告你：不實際、不可能、不可以。於是，你的保護殼越來越硬，而外殼越堅硬的人，就越覺得自己離開了這個殼就一定會

死。

那麼，迴避型依戀的人該怎麼經營親密關係呢？

首先，不要刻意去壓制自己的迴避情緒，暫時做不到親密無間，就試著鬆弛下來。用你本來的樣子去愛他，也愛他本來的樣子。

其次，要充分去溝通，以獲得充分的理解。

假如關心和關注是親密關係中的精神糧食，別人一次要吃三大碗才能飽，而你吃小半碗就飽了，那你就得讓對方明白，你的食量只有這麼大，不用特地準備滿漢全席，你真的吃不消。你要試著讓對方理解：「我需要私人空間並不意味著不需要親密，我推開你並不等於否定你」。

第三，不要因為一個不滿意就馬上得出一堆悲觀的結論，不如反思一下：「我的需求是什麼？我跟對方講清楚了嗎？」

想自己待一會，你就直接說；覺得對方的關心越界了，你就直接告訴他哪些行為讓你想躲，而不是擺臭臉或者搞消失，讓對方不知所措。

第四，約定一個「安全訊號」，可以是一個手勢、一句話、一張圖。

當你疲倦、低落、不想說話的時候，就傳這個訊號給他，表明你想安靜一會，不用擔心，也不要關心，傳完這個訊號，你無需解釋，隨時可以離開。

第五，試著將過去的傷害寫下來，然後撕掉，好好地跟過去告個別。

你以為自己缺愛，但事實上並不缺愛你的人，只是因為過往的創傷一直在隱隱作痛，阻礙了你對愛的感受。

總之，你要相信自己可以得到尊重和愛，即便自己沒有成為一個特別優秀的人；你要相信這個世界絕對有值得信任的戀人，即便自己暫時還沒有遇到。

在感情裡，你可以仰視愛人的完美，但無須將自己放低到渺小的地步。戀愛的真相，不是你拚命地愛對方，對方也會拚命地愛你，而是你拚命地愛自己，對方才會考慮要不要愛你。

02

人和人都是互相吸引而來的。欺負你的人，是被你的軟弱吸引來的；欣賞你的人，是被你的自信吸引來的；不在乎你的人，是被你的自卑吸引來的；而尊重你的人，是被你的自愛吸引來的。

什麼叫「自愛」？

就是坦然地活成自己，而不是逢人就去解釋自己；就是全然地接受自己，而不是遮遮掩掩地偽裝自己；就是永遠會照顧好自己的感受，而不是唯唯諾諾地說「我都行」。

就是被表揚的時候，知道自己的努力配得上這樣的表揚，不會擔心表揚會消失；被批評的時候相信自己以後會做得更好，不會擔心別人因此就不喜歡自己。

就是從不吝嗇分享，但不想分享的時候，不會有心理負擔；就是把事情做好了會特別開心，但如果沒做好，也不會自暴自棄。

就是活得很真實，喜歡就去追，討厭就封鎖。不去糾纏，也不允許被糾纏。

那麼你呢？

在大庭廣眾之下做了一件尷尬的蠢事，你就會在此後很多年的很多個晚上，反反覆覆地在大腦裡播放這個尷尬的場面。

一旦到了某個容易遇到熟人的地方，你的「反偵察」能力就堪比逃犯，總是能夠眼觀六路、耳聽八方，以期能夠避開一兩次尷尬的打招呼。

不管是叫車的時候告訴司機去哪裡，還是點餐的時候喊服務生，你的內心總是忐忑得像在打鼓。

每次與陌生人對話，你就會喉嚨發緊，別人一個看似冷淡的眼神就足以讓你的心跳慢半拍。

你也不喜歡跟社區的警衛混熟，你受不了每次回家都被問一遍「回來啦」，或者出門的時候都被問一次「出去啊」。

你更不喜歡被人看見，尤其是在大庭廣眾之下，一旦你發現大家的目光都放在了你的身上，你的腦子就會進入「當機」狀態。

你到底在恐懼什麼？

你恐懼的其實是那個不完美的自己。你總覺得自己在很多地方不夠好，家庭、能力、長相、收入、生活方式都不能讓人喜歡；你總是害怕自己犯錯誤，怕說錯話了丟臉，怕哪個表情不恰當，怕被人比下去……與其每次帶著期待跟人相處卻只能帶著失望離開，你乾脆不去見人。

可問題是，你不能一輩子不見人。

那麼，我們該如何解決這該死的「社恐」呢？

一、提醒自己「他們不重要」。

身在人海之中，你要明白兩件事情：一是真心希望你好的人非常少，二是專門針對你的人也非常少。多數人只是閒得發慌，只是圖個樂子，只是喜歡圍觀而已。

所以，你沒必要向他們證明什麼、解釋什麼，你只需跟你自己確認：「這是我的人生」、「這是我的選擇」。

二、盡量對自己好一點。

你總是希望新同學對自己好一點，新同事對自己好一點，新老闆對自己好一點，新的某年某月對自己好一點，卻忘了自己對自己好一點。比如說，捨得吃，捨得穿，捨得玩，以及「能怪別人的話，盡量不怪自己」。

三、想清楚「為什麼活著」。

不是為了被讚美、被認同、被喜歡、被接納而生的，而是為了「即便只有我一人，我也要吃好、喝好、玩好、活好」而活的。

四、動用自私的權利。

要大大方方地維護自己的利益，讓你的事歸你，讓別人的事歸別人。你不會把別人當冤大頭，你也不要允許自己當「大冤桶」。

切記，當你站出來維護自己的時候，你並不會失去真正的朋友、真正的機會、真正的情誼，你失去的只是愛占便宜的人、喜歡操控的人和無比自戀的人。

03

來寫一道好玩的題目吧。先準備一張白紙，在上面畫一條線。題目是：在不塗抹、不剪裁的前提下，如何讓這條線變短？

答案是：在它的旁邊畫一條更長的線。正是因為身邊多了一條更長的存在，原本那條線自然就變「短」了。

自卑也是這麼來的。

你怕給人留下糟糕的印象，於是在相處的過程中小心翼翼、唯唯諾諾，沒有展現你的真才實學或者真實性格，最後，別人對你壓根就沒有印象。

你怕事情沒做好招來負評，於是你做什麼事情都畏手畏腳的，最後，的確是沒有人討厭你，但也沒有人欣賞你。

人性裡都有「沒自信」的成分，就像大雁那樣怕落後、怕脫隊，怕看不到同類，怕自己等一下不知道該往哪裡飛。

自卑的人該如何減少性格帶來的傷害呢？

第一，不要違背自己的性格。

如果你不是一個放得開的人，就不要學人家隨便開玩笑。如果你不是一個幽默的人，就不要學別人用無厘頭的方式來表達。

愛出風頭的人，你要他扭扭捏捏，他也做不來；內向靦腆的人，你讓他大剌剌，他也做不到。違背性格去學別人，不僅你自己彆扭，別人看了也難受。

第二，熟練掌握一個口訣。

尤其是容易受別人影響的人，當有人批評你、指責你、糾正你的時候，你要馬上念出這個口訣：「一派胡言」。就算你不能把這四個字說出口，那也要在心裡說一遍；就算別人的指責是對的，那也要先這樣說，才能在第一時間將可能出現的傷害降到最低。

不管是被孤立、被否定、被嘲笑、被指責，你都不要上升到「我不好」、「我不行」、「我不值得被愛」這個層面，先把罪過都怪在對方身上。

這種自信，不是要你盲目地認為自己方方面面都比別人好，而是希望你能意識到自己不需要和其他人比較。

第三，學會取悅自己。

每個人都是一顆獨自運行的小行星，每個人的身上都有缺點，有衝突，也有美麗和神奇。

人要學會不自相矛盾，學會欣賞自己，學會在喧囂的世界裡為自己創造多一點點的浪漫和甜蜜，而不是整天糾結於「我怎麼做才能讓他高興」、「他不喜歡我怎麼辦」、「他那個表情是什麼意思」、「他一下子說那麼多話是什麼意思」、「他不說話又是什麼意思」……

當你把討好別人的心思用在討好自己上，把取悅別人的那股勁用在取悅自己上，你就會發現，這個世界也太美好了吧。

05

無論你跟誰相處，即便他用相對溫和的方式跟你開了一個無關痛癢的玩笑，即便他只是占了一個可以忽略的便宜，但只要他讓你「感覺很不爽」，你就要表現出來，即使不是直接用言語反擊，也要學會用表情來適度地表達不滿，以便讓對方明白你是一個有底線的人。

當然了，被人欺負但實在沒辦法正面硬碰硬的時候，你還可以在心裡「阿Q」一下：「當一株小草也沒什麼，今天你踩在我的頭上，明天我長在你的墳上。」

和人類打交道，你要試著踐行一個原則：尊重所有人，但不把任何人看得太重。即便是你喜歡的人、你尊重的人、你靈魂的伴侶……不好意思，他們所有人加起來，都沒有你自己重要。

你的感受比他們的意見重要，「你覺得」比「別人都那麼說」重要，你的自尊比「給他個面子」重要。

內心強大的關鍵就是擁有健康的自尊。低自尊有多吃虧，高自尊就有多賺。所以請你務必照顧好自己的自尊心。

關於自尊，希望你能明白這四點：

一、被尊重最核心的要素是你本身就有值得尊重的東西，其次才是你很尊重別人。

與人交往時，情商也好，教養也罷，這些都是錦上添花的東西。如果你沒有價值，這些東西是不可能給你雪中送炭的。

欣賞你的人所欣賞的一定是你能帶來的價值，絕不會欣賞你故作謙卑、唯唯諾諾的樣子。

當有一天，你發現大家開始對你客氣了，不是他們的水準提高了，很可能是你變強了。

二、拒絕別人的時候，不用看別人的臉色。

不行就是不行，沒空就是沒空，不想幫就是不想幫，不用想方設法地編造理由，更不要支支吾吾的像是你做錯事了一樣。

三、每一個人，包括得不到尊重的人，其實都是規則的制定者。

別人怎麼對你，都是你允許的，甚至是你鼓勵的，包括輕視你和兇你，當然也包括重視你和尊重你。如果你把自己定義為「弱者」或「受害者」，那麼你只會離真正的尊重越來越遠。

四、不管是戀愛、交友，還是學習、工作，千萬不要傷害到別人的自尊。

人的自尊，不是地上的汽車，而是天上的飛機，你踩一腳，它不是停下來，而是掉下來。而那個人要想重新振作起來，也不是踩一腳油門或者誰推一把就可以做到，而是需要很長的跑道和很長的爬升。

一個真正有自尊的人應該是這樣的：

能與刺耳的聲音共處，同時不被其左右；能尊重不同人提出的意見，但遵循自己的內心；知道自己的優點是什麼，也清楚自己有哪些不足；即便聽到了貶低的聲音，也依然相信自己還不錯；即便是處在被打壓的環境裡，也依然覺得自己值得尊重。

無論是身處廟堂之上，還是身陷囹圄之中，不論是腰纏萬貫，還是身無一物，內心總有一處寧靜的聖地，你可以隨時退避至此，並在那裡成為自己。

什麼叫「理想主義」？就是不要「理」別人的七嘴八舌，自己「想」怎麼活就怎麼活，自己的事情自己做「主」，人生的意「義」由自己定奪。

Part 2 為什麼愛會傷人？

人和人之間沒有「突然」，他想好了才會來，他想清楚了就會走。沒有誰會「為了你好」而離開你，他們走或者留，都是為了他們自己。

我只是替你擔心，怕你那乾淨又熾熱的愛在盛開之時，卻突然被人連根拔起，以至於以後的你該怎麼栽種、怎麼施肥、怎麼開花，你始終心有餘悸。

1 婚姻的本質：不要看不上另一半挑選的東西，你也不過是其中之一

Q：一直不談戀愛會等到對的人嗎？

01

沒有愛情的婚姻是什麼樣子？

大概是，你們一起吃飯，一起睡覺，一起生活。

夜深人靜的時候，你想到了曾經那個愛而不得的人，再看看床上躺著的那個搭伙過日子的人，你感到很失望，可一想到可愛的孩子，你只好搖了搖頭，鑽進了被窩裡，你試著去靠近枕邊的那個人，可是你的身體還是躲了。

你想為自己活一次，可是每次都有理由擊敗你自己。可能是父母，可能是孩子，更可能是你自身的軟弱。於是你強迫自己閉上眼睛，告訴自己不要多想，然後皺著眉頭等

第二天的到來。

如果說你們有感情，似乎感覺不到；如果說你們沒有感情，但你們生了孩子；如果說對方對你不好，但沒有讓你餓著；如果說要離婚，又好像不至於；如果說好好過日子，但又冷戰個沒完。

久而久之，你們不再是愛人了，只是孩子的父母；人生這條路還要同行，但不再同心。

02

看到過一段非常心寒的對話。

女人說：「我們離婚吧。」

男人問：「就因為我亂丟襪子？」

女人答：「你還是不明白，我們之間不是亂丟襪子的問題，而是我說的很多話，對你而言就是一個屁。」

很多時候，壓垮婚姻的不是出軌之類的大事，而是一堆陳芝麻爛穀子的小事。從一頓飯的鹹淡、一句敷衍的表達、一個眼神的飄忽、一個表情的不耐煩開始慢慢變質，逐漸將一份許過誓言的愛情變得無聊、不順眼、沒有安全感，這些糟糕的情緒會不斷地從雞零狗碎的生活中汲取養分，最終撐壞你們的婚姻。

人都差不多，被欣賞、被尊重的時候，就會激發內心的責任感和成就感。反之，被指責、被嫌棄，只會啟動內心的自卑或者脾氣。

所以，希望為人丈夫的都能認真想一想：

為什麼她是一個好女兒、好同事、好鄰居、好閨蜜、好親戚，卻做不了一個好妻子、好媳婦呢？為什麼她跟你結婚之前口碑那麼好，但跟你結完婚就這麼差勁了呢？

她的爸媽那麼愛她，她沒有在他們身邊盡孝；她的鄰居那麼喜歡她，她沒有幫他們洗衣服；她的朋友那麼在意她，她沒有為他們做飯；她的親戚那麼看重她，她沒有替他們顧小孩；她的同事那麼幫她，她賺的錢也不會給他們花。

這些喜歡她、愛她的人都在照顧她的情緒，為什麼她愛的你卻總是搞砸她的情緒呢？

也希望為人妻子的都好好想一想：

在你嫌棄他什麼都沒有的時候，你給了他什麼？

你嫌他賺得少，那你為什麼不去找一個賺得多的人？會不會是因為賺得多的人看不上你呢？你嫌他不懂你，那你有去理解他嗎？你嫌他不會說話、不會做人，那你有去鼓勵他、信任他嗎？

要他懂事，那你至少要有耐心；要他體諒，那你至少降一降音量；要他給你自由和信任，那你至少要表現出自愛和可靠。而不是在他無助、迷茫、失意的時候，給他無休止的打擊和指責。

我想提醒你的是，當一個男人把一個女人逼得不想說話的時候，代表女人的心涼了，什麼愛不愛、對不對的都不重要了。

同樣的，當一個女人把一個男人逼得只想賺錢的時候，代表男人的心死了，什麼愛情、面子、尊嚴都不要了。

婚姻可以追求「平平淡淡才是真」，但平淡不等於「怠慢」。

所以想對男生說的是，她想可愛就可愛，想性感就性感，你的職責是保護她，而不是挑剔她；是讓她真實地成為她，而不是想方設法地改造她。

想對女生說的是，如果你總覺得自己嫁虧了，總覺得自己配得上更好的人，總覺得對方沒有給你想要的生活，那他再怎麼上進也不會有出息。你不尊重他，外人更不會尊重他。

不要對自己的另一半太過苛責，他如果真有多大的本事，還會選你嗎？也不要看不上另一半挑選的東西，你也不過是其中之一。

03

再講一個超好笑的笑話：

有三個女人去見上帝，祈求上帝給她們配一個絕世好男人。上帝答應了，但提了個奇怪的要求：「絕對不可以碰到地上的金幣，否則就會事與願違。」

三個女人很小心，但腳底下的金幣實在太多了。一個女人踩到了，和一個醜男結婚了；另一個女人也碰到了，和一個渣男結婚了。

只有第三個女人嫁給了絕世好男人。這個女人高興地說：「我何其幸運，可以嫁給這麼好的人。」

上帝提醒道：「因為他踩到金幣了。」

愛情就像是一場狗屎運。所謂「對的人」，也不過只是在某個期限內出現的、恰好跟你聊得來的那個人。此時此刻，除他以外，你沒有別的選項了。

很多人選擇結婚，只是因為怕了。怕年紀大了，怕父母嘮叨，怕孤獨，怕女漢子變成了女老漢子，怕單身狗變成了單身老狗……

於是，很多人慌慌張張地結了婚。一開始，他們是被婚紗和戒指引誘；後來，他們被孩子的哭鬧聲和鍋碗瓢盆的叮噹聲所累；最後，他們枕著對枕邊人的不滿、靠想念那個愛而不得的人，艱難入睡。

婚前唱的是：「我希望，最初是你，後來是你，最終也是你。」

婚後聽到的卻是：「我希望，洗碗是你，賺錢是你，輔導功課還是你。」

關於婚姻，我希望你儘早明白這十件事：

一、都說「不以結婚為目的的戀愛就是耍流氓」，實際上，只以結婚為目的的戀愛才是耍流氓。

二、婚姻常常與愛情、金錢連結在一起。但在大多數情況下，愛情會被嚴重高估，而金錢會被嚴重低估。

三、婚姻對有的人而言，只是披了一件愛情的外衣而已。有的人結婚是為了延續香火，有的是為了找個幫手，有的是為了找個隊友，還有的僅僅只是「玩夠了」。

四、結婚證書這種東西，僅僅只能證明兩個人躺在床上合不合法，並不能證明兩個人一起生活適不適合。

五、事關忠誠，在沒有發生時不要輕易懷疑對方，在確認發生後不要輕易懷疑自己。

六、事關浪漫，互相揣著真心，就足夠浪漫。陪你看日落的人，比日落浪漫。

七、不要對婚姻抱太高的期望，絕大多數人一輩子都遇不到靈魂伴侶，絕大多數人在一起很多年也達不到靈魂共鳴的程度。

八、結婚不是挑選完美的另一半，而是要想清楚「我要什麼」和「我能忍什麼」。你喜歡一個安穩不愛撩的人，就得接受他有時候比較木訥，不夠浪漫；你喜歡一個乾淨純潔的人，就得接受他有可能有點簡單，不夠成熟。

九、有一個龐大的產業專注於幫助男男女女尋找優質的另一半，但幾乎沒有任何產業專注於讓男生成為更好的男朋友或者更稱職的丈夫，讓女生成為更好的女朋友或者更好的妻子。所以相遇不難，但相處很難。

十、婚姻只是人生的一個選擇，不管是不結婚，還是離婚，你只是搞砸了婚姻，並沒有搞砸人生。

04

在古代，結婚不叫結婚，叫成親。就算是最沒文化的人也能明白，成親的意思就是成為親人。

結婚這件事，不該只是因為「需要有人陪」，最好是你們倆都已經在漫長的單身日子裡將各自的靈魂雕刻完畢，即使沒有他人相伴，你們也能獨自搖曳生姿。

不該是為了合法地享用對方的財產或免費的「好」，最好是你們倆都有一定的物質基礎和精神財富，有能力去負擔自己的情緒和自己原本的生活。

也不該只是因為激情，因為激情終會被柴米油鹽淘洗成平淡的日常，山盟海誓也會在時間的沖刷下褪色。

結婚的最好心態是：

我們彼此需要。你的水蜜桃罐頭有人開蓋了，我的哈密瓜有人切片了；你不用擔心半夜有流氓猛敲房門卻束手無策，我也不用擔心某一天病倒在床卻無人問津。

我們互相信任。你可以大大方方地啃指甲、剪腳皮、摳鼻屎、打嗝放屁、坐在馬桶上大聲喊「沒有衛生紙啦」；我可以不化妝、可以哭出來、可以衣服不合身、可以把菜炒爛。

我們互相坦誠。我在乎你的喜怒哀樂，你願意聽我的喋喋不休；你可以肆無忌憚嘲笑我腦子不好，我可以堂堂正正說你像個傻瓜。

我們願意配合。我願意在穿著打扮方面為你改變一點點，你也願意在生活習慣方面為我妥協一點點。

我們知道彼此的優點、缺點、長處、短處、驕傲和尷尬的往事，基於瞭解、喜歡、信任以及愛，我們兩個人決定並肩作戰，組成面向這世間悲喜的人生同盟。

結婚的意義就是：我們的愛要溢出來了，需要一個家去把它包住。

那麼，和一個喜歡的人結婚是什麼感覺呢？

你會發現平淡無奇的生活開始閃閃發光，你會驚訝於這個世界竟然有這麼可愛的人，你會吃驚於「真的有人喜歡做飯、喜歡運動、喜歡讀書」，即便是你突擊檢查，他的房間也是乾乾淨淨的，他的臉上總是神采奕奕的。

你會更有底氣，即便對方不能實質性地解決什麼問題，但因為對方的存在，你會覺得眼前的困難「問題不大」。

你會覺得受寵若驚，因為他的父母真的會把你當成親人，真的會再三地叮囑他對你好一點，甚至在你們倆發生矛盾的時候篤定地站在你這邊。

他改變了你對愛情和婚姻的態度，也改變了你對世界和生活的態度，讓你覺得這個煙薰火燎的世界和雞零狗碎的生活都是值得歌頌的。

真心遇到真心，就是最好的門當戶對。

05

曾問過一個幸福的女人：「你是如何解決婚姻中的各種問題的？」

她的回答竟然是：「假裝自己沒有老公。」

她的策略是，家事能做多少就做多少，實在做不了就請保姆。男人心疼錢了，自然就知道要心疼人了；教育孩子的事情能做到什麼程度就做到什麼程度，搞不定了就「扔」給男人，他體會到了檢查作業有多惱火，自然就能懂你的「動不動就發火」。

她說：「我不期待，也不命令，但凡他參與了家務，不管好壞，我都用力誇；他沒有參與，我也不抱怨，跟男人抱怨家庭生活，無異於對一個盲人抱怨陽光刺眼。就算是發現了他藏的私房錢，我也會假裝沒看見。與其在婚姻裡步步緊逼，不如睜一眼閉一隻眼。」

曾問過一個家庭和美的男人：「怎麼樣才能讓一個很少下廚的女人做出全世界最好吃的菜？」

他的回答竟然是：「不管她做得怎麼樣，都要假裝這是全世界最好吃的菜，吃光就夠了。」

一流的婚姻是互相配合，二流的婚姻是互相湊合，三流的婚姻是「誰都別想好好活」。

成年人的愛情，是兩個疲倦的靈魂在寂寞的荒野裡攙扶前行。所以，越是遇到問題就越要避免指責，因為你們只有兩個人，與你們針鋒相對的是整個世界。你們倆一旦吵起來，世界就會將你們分而破之。

怕就怕，你一邊抱怨喪偶式婚姻，一邊對所有家事大包大攬；你一邊抱怨對方是個甩手掌櫃，一邊又打擊對方什麼都做不好。

結果是，狠話被你說光了，人也被你得罪完了，累死累活的還是你自己。

人其實是非常敏感的動物，尤其是當一個人認為自己為了愛情、為了這個家付出很多的時候，就特別需要另一半的認可和肯定。

當另一半表現出不認可、不感激、不接受、不耐煩的時候，或者講出類似於「這不是我想要的」、「我要的是那個」、「我不喜歡這種方式」、「我喜歡那樣」的話，就會產生巨大的挫敗感，結果是，這個人會選擇後退，甚至是退出。

離婚最常見的原因是，妻子感覺自己無法再依靠丈夫，而丈夫會覺得自己的付出沒有得到應有的感激。換句話說，丈夫覺得自己的付出不值得，妻子不認為丈夫付出了什麼。

所以，要學會感激。哪怕是幫忙做了一頓飯，洗了一雙鞋子，遞了一下衛生紙，都要和對方說謝謝，不要錯過任何讚美和肯定對方的機會。

要創造機會一起做點什麼。不管多忙碌，都要抽出一段完整的時間陪伴彼此，一起做飯，一起散步，一起追劇，一起收拾房間……

要學會示弱。只知道逞強，不懂得示弱，在情感關係中可以視為一種「殘疾」。

還要學著「裝傻」。裝傻不是要你忍氣吞聲，而是學會看破不說破。

我理解的「裝傻」，就是用傻氣把自己的脾氣打磨成兩個人的默契。

06

為什麼很多人懼怕結婚？

因為你覺得「一個人過得滿好的」，因為你見過了太多的「婚姻失敗案例」，甚至包括你的父母很可能就是婚姻的失敗者。

因為在你看來，這種「人生大事」，沒有人教就算了，周圍還有一大群胡亂指點的，太煩人了。

因為你的內心充滿了困惑：「我真的能夠和一個陌生人共度餘生嗎？」、「我真的可以做到全心全意地信任一個人？」、「我真的可以讓一個人愛我一生？」

那為什麼很多人在年輕的時候抗拒結婚，但是過了某個年紀又會考慮婚姻呢？

因為當你年輕時，你有旺盛的精力、飽滿的情緒，以及無限的可能性。你當然可以活得瀟瀟灑灑，策馬奔騰去享人世繁華，自然不想把這美好的人生交給房貸、車貸，受限於相夫與教子。

但是，當你在社會上摸爬滾打了幾年之後，當你的萬丈豪情被生活拍打得灰頭土臉的時候，當你的事業進入瓶頸期的時候，當你被生活的壓力壓得抬不起頭的時候，當你被煩人的工作和無休止的加班折騰得沒有那麼多的精力、沒有那麼高的情緒的時候，當你的父母日漸衰老甚至是離開了你的時候，你就會想要支持，想要陪伴，想要一個安靜、安全的港灣。

是的，人生海海，心裡住了一個人，活得就會更有期待。如果恰好還能被那個人堅定地選擇，那麼你就會無所畏懼地做很多事。得到了擁抱和親吻的一天，遠比什麼都沒有的一天，要好很多。

不是早就有人說了嗎：沒有愛不會死，但有了愛會活過來。

這個世界太大了，而人生的路又太過漫長，父母也好、兄弟姐妹也罷，都像車窗外倒退的風景，只有伴侶才會和你一路同行。

很多人所謂的「我一個人過得滿好」，是指皮囊新、責任輕、身體好的時候，可你有沒有想過：當你皮囊舊了、責任重了、身體駝了，你該怎麼辦呢？

影劇裡經常有人發毒誓：「天打雷劈」、「死無葬身之地」、「生孩子沒屁眼」……但最狠的應該是「有違此言，我不得善終」。年輕的時候，你隻身一人仗劍走天涯當然很爽，但是老了呢？你拿不動刀劍了，卻又身在江湖。仇家找你怎麼辦？突然在廁所裡跌倒了怎麼辦？

我知道，你還養了一隻肥貓或者一隻萌狗，可牠們是會打一一九呢？還是會人工呼吸呢？

我不是騙你結婚，也不是慫恿你隨便找個人湊合，更不是逼著你將婚姻列為人生的必要選項。沒了男人的女人，或者沒了女人的男人，就像魚沒了自行車，真的不是什麼大不了的事。

我只是覺得：把「現在一個人過得很爽」當作拒絕婚姻，甚至是詆毀婚姻的理由，略顯幼稚。

希望你是真的「一個人過得很好」，而不是用「我一個人過得滿好的」來作掩護，以防被人發現自己只是沒有吸引力，並缺乏識人的能力和與人相處的能力。

希望你只是因為工作或生活遇到了小麻煩而心煩意亂，而不是因為沒有人追、因為被催婚、因為相親對象越來越差勁、因為身邊的某某又結婚了，而眉頭緊鎖。

07

我只是替你擔心，怕你不是心情不好，而是行情不好。

為什麼年輕的時候，在一片星空之下，一個男孩可以用一束野花、一個草編戒指就把一個女孩娶回家。而婚後沒多久，兩個人還沒來得及感嘆愛情的偉大，就開始為了大事小情吵得驚天動地？

為什麼有的人為了婚姻放棄事業、放棄家鄉、放棄原則，希望用自己的犧牲換對方的疼愛，可換來的卻是疼痛呢？

為什麼單身的人都在想方設法地擠進婚姻的圍城裡，而已婚的人又三天兩頭地想出來？

哲學學者周國平老師總結得非常精闢：性是肉體生活，遵循快樂原則；愛情是精神生活，遵循理想原則；婚姻是社會生活，遵循現實原則。

婚姻並不是「執子之手，與子偕老」的童話，而是「柴米油鹽醬醋茶」的現實。

翻遍整部《婚姻法》，裡面沒有一句是談愛情的。《婚姻法》從頭到尾總結為兩個詞——權利和義務。

具體說就是：在什麼情況下，誰應該分多少好處；在什麼情況下，誰應該擔起哪些責任。

從這個角度來說，婚姻的本質是契約。就是「我有什麼，我願意為你付出什麼；你有什麼，你願意為我承擔什麼」，然後，我們一起去搞定人生路上各種各樣的「我不敢」和「怎麼辦」。

所以，不要總是糾結於「為什麼那個人不喜歡我」，而是要想一想：「我能為對方提供什麼樣的價值？」、「如果我是異性，我會喜歡自己嗎？」

也不要動不動就談「感覺」，「感覺」說白了是「你被別人吸引了」，那不是你的本事，那是人家的本事。

更不要動不動就強調「我會對你好」，假如「對一個人好」就可以得到愛情和婚姻，那就不存在「屢屢被拒絕」的單身狗了。

如果你是男的，別把你的雄心壯志或者「對你好」作為婚姻的籌碼，能作為籌碼的必須是對方真正需要的東西。如果僅憑真心就能搞定生活中的食衣住行，就能搞定房子、車子、學區和病床，那你可以試一試你的真心。但如果你的真心連一個饅頭都買不了，那就請你不要舉著你的「真心」招搖過市，然後指責別人有眼無珠。

如果你是女的，你當然可以憑藉年輕和貌美談一場舒舒服服的戀愛。但你得明白，年輕和貌美這兩樣東西只是婚姻的敲門磚，就像你拿著名校的學歷相對容易進入大公司一樣，但你能在大公司裡活成什麼樣子，還得看你的真本事。別忘了，年輕和貌美是會隨著時間貶值的。

不管你是單身、未婚，還是已婚，希望你能記住這三點：

一、對方怎麼樣很重要，對方的家人怎麼樣同樣很重要。
二、選擇一個對自己好的人很重要，他本身就是很好的人更重要。
三、愛你很重要，挺你更重要。

2 不要和不愛你的人比心狠：人人都在嘲笑癩蛤蟆，卻無人譴責假天鵝

Q：辜負了一個很好的人，以後會遭報應嗎？

01

突然被分手，是什麼感覺呢？

就像是得了風濕病，天氣好或者大白天的時候沒什麼事，可遇上陰雨天或者一到晚上就痛得想死。

就像是認真備料、精心烹飪、耐心煎炒燜煮之後，做出了屎一樣難吃的飯菜。

就像是一個八十歲的老人，打了八十桶水，挑到八十里外的麥田裡，澆完了才意識到，澆的是別人家的麥子。

就像是認真堆了好久的積木，被那個人隨手一抽，全塌了，留你一個人滿臉錯愕地

看著一地狼藉。

可你不得不接受，這跟你愛不愛沒關係，跟你捨不捨得也沒關係，因為對方已經不愛了，這段關係就不復存在了。

你耿耿於懷的也許不是「沒能在一起」，而是他的虛情假意。

他按門鈴的時候，你其實是猶豫過的，你提醒他「是不是敲錯門了」，而他反覆確認說「沒錯，就是你」。

於是，你打開了門，你卸下了全部的防禦。你滿心歡喜地領著他進門，他坐在你的沙發上，喝你泡的茶，吃你切的水果，聽你講你的故事，等你把自己全盤托出，他卻起身，一走了之。

更糟糕的是，你以為這就結束了，只是錯付了真心而已，沒什麼大不了的。你以為「真心是取之不盡、用之不竭」的，直到在跟下一個人交往時，你發現自己很難再拿出那樣的真誠和熱情了。

是的，他不僅浪費了你的真心，還順手拿走了你的真誠、勇氣、信任以及期待。

恐怕只有愛過的人才能體會這種糟糕的感覺：靠近他，就像是靠近了痛苦；遠離他，又像是遠離了幸福。

02

有個男生問我：「老楊，我喜歡的女生改了狀態消息，你幫我看看是什麼意思，她是不是有喜歡的人了？」

說完傳給我一張截圖，是那個女生的狀態消息：「今天晚上有兩個月亮。」

我問他：「你看得懂嗎？」

他說：「看不懂。」

我說：「看不懂就表示這不是給你看的。」

男生傳了幾個捂臉的表情，然後開始解釋：「我們認識半年多了，一起爬過山，逛過街，看過電影，我們所有的社交軟體都加好友了，我的每一篇動態她都會按讚，她的每一則貼文我也都會留言。我一度以為，過了這個曖昧期，我們就會順理成章地談戀愛，但是我最近才意識到，她從來不跟我合照，也一直對外宣稱自己單身。我問過她願不願意跟我在一起，她每次都迴避這個問題。」

我說：「就像是，你問她『yes or no？』她回了一個『or』。」

男生傳了一長串捂臉的表情，並且說：「對對對對。」

我回：「其實你知道，她並不喜歡你，她只是喜歡被你喜歡。」

程式沒回應，那就結束吧。

沒有身分的占有欲註定是可悲的。進一步沒資格，退一步又捨不得，連吃醋都是名不正言不順。

問題是，連見面甚至回覆訊息都很奢侈的關係，你靠什麼去維持？都說「一見鍾情不過是見色起意，日久生情不過是權衡利弊」，那麼拖著吊著無非是：對方既沒看上你，又不願捨棄被你疼愛、被你仰視的感覺。

就像那首歌唱的那樣：「你要的不是我，而是一種虛榮，有人疼才顯得多麼出眾。」假裝愛一個人很容易的，三天兩頭地跟對方說「我以後要和你怎樣」，然後把鎖定畫面、狀態、桌布統統改成與她有關，帶她去見朋友、父母，節假日再送一點小禮物……可是你知道嗎，當一個人傾盡所有地對你好，之後才知道你並不愛他的時候，他沒個三五年是走不出來的。

那麼你呢？你有沒有遇到過類似的人：

你很喜歡他，但你們不是情侶；他會頻繁地跟你互動，但不會回應你的告白；他願意跟你一起玩，但他不會公開你的存在。

你一開始很享受這種曖昧的感覺，甚至不惜投入大把的時間、精力和感情，可當你試圖把這段關係升級為「戀人關係」時，對方卻有意無意地往後躲，讓你覺得「我好像是在自作多情」；可當你試圖跟他拉開距離，讓這段關係退回到正常的「朋友關係」時，對方卻又主動來找你，讓你覺得「我好像還有戲」。

時間一久，你心動的感覺裡面就夾雜了越來越多的煩心，因為你沒辦法擁他入懷，又捨不得讓他離開。

你純粹的愛意裡面就會摻雜越來越多的猜忌和委屈，因為你不知道他到底是什麼意思，也不確定這樣繼續下去有什麼意思。

你當然可以騙自己，說他只是害羞，說他只是沒想好，說他只是需要時間瞭解你。但我還是忍不住要提醒你另一個更殘忍的可能：他只是覺得，你做他的戀人，還不夠格。

他忽冷忽熱的態度就像某公司寄的「面試失敗通知」：

「親愛的追求者，謝謝您的積極參與。您近期的表現和無微不至的關懷讓我留下了深刻的印象，這讓我非常感動。但我還是很遺憾地通知您，您未能通過本人的擇偶篩選階段，在此我深表歉意。我已經保存了您的聯絡方式，並放進了備胎名錄，在我閒得無聊時，我可能會再次聯絡您。感謝您對我的追求，也希望您一如既往地關注我、關心我，讓我們始終保持這種曖昧的聯絡。」

不要把你的愛、溫柔、美好，像贈品一樣慷慨地浪費在不需要和受輕視的地方。

反正我個人的偏見就是：沒有明確地說喜歡你，就是沒那麼喜歡；沒有明確地表明接受你，就是沒感覺；沒有堂而皇之地告知天下，就是你還不符合他的戀人標準。

03

還有一個男生，大半夜傳了幾十封私訊給我，講他自己有多渣，以至於辜負了一個好女孩，他飛了一千多公里去找前任復合，但前任連見都不見，只丟下一句話：「我還愛你，但是，我已經不喜歡你了。」他問我：「這是什麼意思啊？」

我不留情面地說：「大概是，你仍然美好得讓她心動，但她已經沒有勇氣和力氣去擁抱你了；你仍然在她的心裡占據著重要的位置，但是她對你已經毫無幻想了。所以請你趕快滾蛋，趕快消失。」

他又問：「辜負了一個既深情又很好的女孩，我會遭報應嗎？」

我依然不留情面地回覆道：「你不會遭報應，你肯定不會，畢竟啊，那麼混蛋的你放過了那麼好的她，這可是積福積德的事情。假如以後的你遇人不淑，那也不叫遭報應，那只是你應得的，因為你只配得上那樣的人。」

為什麼人總是在失去之後才懂得珍惜呢？

因為人總以為後面還有更好的，卻不知道眼前的才是最好的；因為在一起的時候不怕失去，甚至在失去的時候還以為問題不大。

什麼叫為時已晚？就是她穿裙子站在你身邊的時候，滿眼都是你，你卻在看別人。後來，她穿著裙子站在人海裡，你看見她了，但她看不見你了。

世界上最糟糕的感覺莫過於：你在分手的時候對她說了一句「祝你幸福」，你本來只是裝裝樣子，沒想到她後來真的「幸福」了。

看她那麼幸福，你有沒有哭？

如果你沒有哭，要不要我幫你在你的傷口上再撒一點辣椒粉？

04

有個女生在社交平臺上用小帳問我：「你們男的真的可以一整天都不看手機嗎？」

我回了幾個問號，她的話匣子瞬間就打開了，洋洋灑灑敲了好幾百字，但總結下來其實就一句話：「一個男生一整天不回覆我訊息是什麼意思？」

我反問她：「他是你的什麼人？」

她說：「同班同學，我很喜歡他。」

我說：「哦，那就是他不喜歡你。」

她傳了一句「他應該也喜歡我」，然後迅速地補了一個「吧」字。

我問她：「你告白過嗎？」

她說：「沒有。」

我又問：「那你們平時交集多嗎？」

她說：「一起去過幾次圖書館，在餐廳一起坐過幾次，互相交換過幾次筆記。」

我接著問：「然後呢？」

她說：「然後我就很生氣，傳訊息給他，他總是不回我！有時候是隔了好幾天才回。」

我說：「要不你直接去告白吧。」

我的意思是，你的大學已餘額不足，想見的人就趕快去見，沒解釋的話就趕快去解釋，想告白的趕快去告白，該做了斷的馬上去了斷。無論結果如何，該圓滿的圓滿，該死心的死心。

心動不丟臉，追求但被拒絕了也不丟臉。如果不是動了心，誰願意做那個小丑呢？

但我要提醒你的是：你喜歡他，並不代表他欠你什麼。

不管你是送了他花，還是送他回家，不論你為對方做了什麼，你的行為都是你自己選的，你的付出都是你自願的，沒有人逼你。

對方不是自動販賣機，你往裡面投了示好的金幣，就能掉出一句「我喜歡你」；對方也不是咖啡店的集點卡，你買夠了十杯，就能換一次接吻的機會。

有些人是帶著保鮮期進入我們的生命的。

沒有誰必須對得起你的喜歡，沒有誰必須一直參與你的人生。有時候是別人要進入一個新角色了，有時候是你要邁上一個更高的臺階了，大家都沒錯。

05

A：「其實你沒必要躲著我，如果你真的不喜歡我了，告訴我一聲就好了。你避而不談反倒讓我覺得自己還有希望。」

B：「那好，我不喜歡你！」

A：「我不信！我不信！我不信！你是有什麼難言之隱吧？」

理智告訴你，「已經不可能了」；尊嚴告訴你，「不能再繼續了」；直覺告訴你，「不會有結果的」，但你的心卻告訴你：「再堅持一下，再試試看吧，萬一呢……」

你在逛街的時候會在街頭找他，看到好玩的東西想分享給他，可當你厚著臉皮傳訊息給他的時候，他卻根本不想理你。於是你很生氣：怎麼那麼狠心呢？

有人會安慰你說，失去是相互的，對方不怕，你怕什麼。但你還是理解不了，為什麼命運要賜你一場相遇，卻不賜你永遠？

越是理解不了，就越要把複雜的問題簡單化。

比如，把「不接受約會」視為「不喜歡自己」，把「不主動找我」視為「不想和我交流」，把「不溝通」視為「不想和我繼續下去」。

「和誰在一起不開心就不跟誰玩，和誰在一起開心就和誰玩」，這種小時候就懂的道理，長大了請不要忘了！

不用擔心沒了他會怎樣。你該擔心的是，將來有幸和另一個心動的人相遇，自己是不是有與之相配的分量？

不用強調你對這段感情的犧牲有多大。殘酷的事實是：越是弱勢的一方，就越喜歡用自我犧牲來表達愛意。

不要從對方曾經的噓寒問暖中尋找愛的痕跡。你要明白，有人對你好和有人只對你好，是兩碼事。

不要因為對方的不回應就指責對方的無情。殘忍的真相是，他本來就想淋雨，是你非要幫他撐傘，他沒有怪你多管閒事，你卻說他不識好歹。

越是覺得自己離不開他，他就越有機會傷害到你。就像遊戲上會寫著「請勿沉迷遊戲」，就像香菸上會寫著「吸菸有害健康」，因為他吃定你了，「反正你離不開我」，所以才敢那麼肆無忌憚地一邊警告你，一邊傷害你。

不管是戀愛後分手，還是曖昧後無果，都要明白這三點：

一、如果對方不願意和你出去，不主動找你說話，即便是和你說話，也只是簡單地回應，並不熱情；即便和你一起吃飯，也堅持AA制，並且從來不收你的禮物；即便是和你有交集，也一直刻意保持距離——那麼拜託你清醒一點，對方不是吊著你，而是在委婉地拒絕你。

二、如果異性知道你有戀人還要勾搭你，那是他噁心；但如果勾搭你的那個異性完全不知道你有戀人，那是你噁心。

三、不要為某個「一心想走」的人徹夜難眠，你的肝和腎都很累；不要為某個已經不喜歡你的人傷心流淚，你的面膜和眼霜都很貴。

最後，祝有愛的人能夠真心相愛，祝不被愛的人能夠自由自在。

3 父母存在的意義：沒有任何一個玩具，可以替代父母不在身邊時的空白

Q：為什麼家會傷人？

01

先回答為人父母的兩個問題：

一、「為什麼我們家養不出溫柔安靜、不虛榮、不花俏、單純且有靈氣的孩子呢？」

因為「溫柔和安靜」需要父母有很好的教養，以及很好的情緒控制能力。

因為「不虛榮」需要一定的見識，以及很好的家教。

因為「不花俏」需要一定的審美，以及父母有不錯的審美。

因為「單純、有靈氣」需要從小被家裡人保護得很好，而且親近的人都有自己的思想。

大多數人以為這些形容孩子的詞語是很正常的東西，但實際上每一個詞都比「漂亮、高學歷、有錢」這類的形容詞更稀有。

是的，貧瘠的土壤只會長出歪瓜和裂棗，肥沃的土地上才能長出水靈的蔬果。

二、「為什麼我為孩子付出了那麼多，可換來的卻是他恨我？」

因為你對他說「我是你爸，就算我錯了，你也不能反駁」的時候，他覺得自己面對的不是什麼血緣至親，而是一個蠻不講理的混混。

因為你讓他覺得自己很糟糕。不管孩子想做什麼，你都是第一個站出來反對：「不行」、「你不是那塊料」、「你看看人家……」

因為你給不了孩子較高的經濟起點，卻要強調「兒孫自有兒孫福」，然後等孩子好不容易翻了身，你又來一句「百善孝為先」。

因為你希望自己的孩子在家是聽話的羊，在外是厲害的狼。可是你的養育方式更像是在培養聽話的羊，同時又拿外面厲害的狼來作比較。結果你家的羊被逼無奈，借了一身狼皮就去闖天涯，當他在外面受了傷，第一反應當然是「都怪父母」。

因為你把孩子當成了你的私人物品，不管你做什麼，都說成是「為了你好」。這種想當然的好，以「親情」和「愛」的名義過度包裝，讓你在孩子面前越來越理直氣壯，仗著「我的動機是好的」，所以你粗暴地干涉孩子的生活，卻忘記了尊重。

試問一下，一個孩子在家都得不到支持，又憑什麼立足於江湖？

02

再來回答為人子女的兩個問題：

一、「為什麼爸爸媽媽不理解我的困惑、苦惱、絕望和壓力，只會沒完沒了地嘮叨、催婚和催生？」

因為父母理解不了有些事情對你來說是一種傷害。他們眼裡的傷害是具體的，比如打、罵、被搶，但不能理解在你面前說別人家孩子優秀會讓你很受傷。

因為他們理解不了你的絕望。在他們那個年代，最要緊的事情是生存，只有吃不到飯才叫絕望。

因為父母的絕望已經過去了，他們的傷疤已經被時間磨平了。而你的絕望正在當下，正在經歷中。

這就像拔牙，拔過的人會說：「還好吧，痛兩天就過去了。」可是正在拔的人，會感覺痛得腦漿快要沸騰了。

因為他們早就在生活的戰場上摸爬滾打過，知道哪裡有坎，哪裡有溝。

因為他們生過病，知道兩個人在一起能互相伸把手，知道高燒四十度吃不下飯時有人送一碗粥。

因為他們知道人無百日好，花無百樣紅，所以催你快點結婚，想讓你趕個早市。

因為他們知道人有生老病死和旦夕禍福，所以擔心你一個人沒能力照顧好自己。

因為他們怕你選錯了，怕你照顧不好自己，怕你掉進溝裡，所以忍不住會嘮叨，會勸你再想一想，會對你的決定「說三道四」。

全天下的傻孩子們，如果不是光陰步步緊逼，父母也想幫你把路鋪到長命百歲。

二、「父母既然生了我，就應該對我好，對我慷慨大方，不然為什麼要生我呢？」

等你走向社會，需要自己找工作，自己謀生活，你就知道錢有多難賺，錢又有多經不起花。當你需要為房貸、車貸、奶粉、孩子的學費、補習費買單的時候，你自然就要學著精打細算。

等你結了婚、有了孩子，需要你在工作的焦頭爛額之後，再去輔導一個腦袋不太靈光的孩子寫作業，陪一個精力無限的「神獸」到處蹦跳，你就會明白，父母之所以有時候顧及不到你的情緒，很可能是因為他們一天到晚太累了，累到已經榨不出更多的精力分給你。

很多時候，不是父母不想有耐心，不是父母不想好好地陪你，而是他們真的做不到。

當他們上了一天班，被主管臭罵了一頓，被同事氣個半死，然後匆匆趕去買菜，然後急著回家做飯，再收拾屋子，然後發現，你一直在那看電視，不僅作業沒寫，還把雪糕蹭到沙發上，玩具撒了一地，而提醒你寫作業的時候，還被你翻了一個白眼，他能有好臉色嗎？

我並不是想強迫子女去理解父母，而是希望子女能夠更多地瞭解那個有點庸俗、還有點愛面子的男人，以及那個有點嘮叨、還有點固執的女人。

去瞭解父母的原生家庭是怎麼樣的、成長過程中經歷過什麼，他們是怎麼結婚的、怎麼有你的，他們是怎麼過日子、怎麼應對諸如「生病了」、「沒錢了」的困難，以及他們每天的日常和吃喝拉撒……

當你瞭解了這些，你就大致可以理解：「他們為什麼不理解我」、「他們為什麼會那麼做、那樣想」、「他們為什麼要那樣活著」。

當然了，如果你覺得父母的觀念落後、見識淺薄，那麼你就沒必要聽他們的建議。但是，不聽建議，不等於你有資格鄙視他們；不服從他們的安排，不等於你非要跟他們對著幹。

如果你感受不到父母的愛，或者你不懂得如何去愛父母，那只能表示你們還沒有掌握這項技能，不能斷定他們不愛你。

要永遠記住：所有不會愛的大人，都曾是不被愛的小朋友。

03

不知道你們有沒有滑到過這樣的新聞：

男孩A的寵物大閘蟹被爸爸煮熟了，男孩邊哭邊啃。

男孩B的父親喝醉酒後和B發生了爭吵，一怒之下掀翻了孩子所有的模型，B哭得上氣不接下氣。

女孩C養了兩年的小狗，被奶奶以五十塊錢的價格賣給了狗販子，C哭得嗓子都啞了，但奶奶卻在旁邊咧著嘴笑。

男孩D最喜歡的一本書被媽媽藏起來了，只因D總是跟媽媽生氣，甚至最後因為一次鬧彆扭乾脆把D的這本書撕了個粉碎。

女孩E養了很久的貓，當成命一樣，但父母覺得貓太髒了，趁E外出的時候私自把貓送人了。

這些家長從孩子最喜歡的東西下手，理由僅僅是因為「擔心你玩物喪志」、「狗會咬人」、「貓髒」，以及「你不聽話」，然後總結來說就是：「我雖然傷害了你，但我是為了你好。」

久而久之，這種嚴重缺乏尊重的養育方式，導致很多人關閉了心門，從此拒絕跟家長溝通，只留大人們獨自困惑：「這孩子怎麼什麼都不願意跟我說呀？」

一個家庭最大的悲劇，不是困於貧窮，而是無法溝通。

為什麼很多子女不願意跟父母溝通？

因為很多父母需要的不是溝通，而是服從。這樣的父母總希望在孩子面前是權威，他們覺得孩子是自己生的、自己養的，所以子女就得聽自己的，自然接受不了「自己的私人物品」敢「跟老子翻臉」。

因為父母幫孩子報名的才藝班，孩子根本不感興趣，而父母覺得這並不重要，重要的是：別的孩子都報名了。

因為孩子跟父母說：「有人嘲笑我走路的樣子像鴕鳥，我很難過，我都為此哭了好幾次。」而父母的反應是：「這麼點事就要哭？」

因為孩子跟父母說：「這個工作太讓人生氣了，老闆太苛刻，同事很混帳，下個月不幹了。」而父母的反應是：「嚷嚷什麼呀？你每天坐在辦公室裡，吹不到風，淋不到雨，對著電腦就能賺錢，還賺得不少，有什麼好委屈的？」

還因為父母總是忙，忙著工作，忙著養家，忙著應酬，然後用無數的玩具來替自己向孩子表達愛意。

可問題是，世界上沒有任何一個玩具，可以替代父母不在身邊時的空白。

這就好比說：

有的人種樹，只管種，不澆水，不施肥。樹長大了，他就來收果子。

有的人種樹，苛求每根樹枝都按自己的意願生長，看到哪根長歪的，「喀嚓」就剪掉，也不管樹會不會受傷害。

還有的人種樹，明明種的是橘子樹，卻想著收穫柚子。橘子樹當然長不出柚子，於是埋怨道：「你看別的樹都能長柚子，你再看看你，真沒用。」

那麼，跟父母無法溝通的孩子，到底有多絕望呢？

就是子女對父母沒有任何期待了，只想趕快從家裡逃離，從父母的世界裡消失。至於將來，再困難的事情只想自己解決，再開心的事情也只想自己慶祝。

就是子女和父母在一起時，是感受不到親情的，只有無盡的壓力。因為順著父母不行，逆著不行，不說話、不表達還是不行。

就是子女不能有自己的觀點和選擇。跟父母意見一致時，父母會說「都聽你的」；但跟父母的意見不一致時，父母就會再三提醒你：「你再好好想想。」

就是子女會對未來充滿恐懼。怕當小孩，怕父母對自己不好，怕父母透過自我犧牲來製造愧疚感；怕戀愛、怕結婚，怕嫁給一個像爸爸那樣的男人，怕娶到一個像媽媽那樣的女人；也怕當父母，怕自己的糟糕經歷會在孩子身上再次發生。

就是子女會對人生感到失望。失望的不只是「有些東西再怎麼努力也得不到」，失望的是「父母的理解和愛」竟然也在「有些東西」裡面。

那麼問題來了，什麼時候適合生小孩？是趁著身體狀況最好的時候嗎？是做好了心理建設之後嗎？是準備了足夠的物質條件之後嗎？是遇到了喜歡的人之後嗎？還不夠。

生小孩最好的時候是：你已經體驗到，人生雖苦，但還是有很多快樂，人間雖然喧鬧，但還是值得走一遭。所以你下了決心，要把這個世界，介紹給一位小朋友。

如果子女的出生，只是為了繼承父母的抱怨、恐慌和戾氣，那麼不生也是一種善良。

04

有人大學沒考好，非常沮喪，他對爸爸說：「我做什麼都做不好，我跟別人比太糟糕了，我怎麼這麼差勁呢？」

他爸爸很認真地回覆道：「你永遠勝過別人，至少在我這裡。」

有人因為考研究所的事情很焦慮，就對媽媽說：「你幫我祈禱一下，祈禱我考上研究所。」

她媽媽回答說：「我只祈禱你快樂，如果考上研究所能讓你快樂，我就祈禱。」

有人二十五歲還沒談過戀愛，他沮喪地發了一則動態：「這個世界，真的會有女孩子喜歡我嗎？」

他媽媽留言道：「當然有啦，媽媽第一次見到你的時候，也才二十幾歲呢。」

有人在學校裡被冤枉偷東西了，老師喊來了她爸爸。聽完老師和同學的講述，她爸爸蹲下去溫柔地問她：「是你拿的嗎？」

她堅定地說：「不是我！」

她爸爸馬上提高音量說：「你說不是你拿的，那就一定不是你。」

有人失戀了很難過，半夜發了一則動態：「沒有人真的愛你。」她忘記對媽媽隱藏，早上打開手機一看，瞬間就泛淚了。

媽媽的留言是：「媽媽愛你呀！」

父母存在的意義，就是給孩子充分的安全感。當一個人確信有父母疼愛自己、支持自己，那麼這個世界就永遠都有退路。即便生活充滿了波折，即便愛情不順利，婚姻不幸福，那也問題不大。就像是出海的船隻，即便遇到了風浪，但總有港灣可以退避，就沒那麼容易被摧毀。

愛是包容，是鼓勵，是溫暖，不是苛責，不是打擊，不是綁架。

怕就怕，一個蠻不講理的父母卻埋怨孩子性格懦弱，一個情緒頻頻失控的父母卻希望孩子乖巧懂事，一個整天滑影片、打牌、喝酒的父母卻指責孩子不愛讀書，一個亂發脾氣的父母卻批評孩子脾氣暴躁，一個沉溺享樂的父母卻盼著孩子奮發圖強，一個一概不管的父母卻希望孩子事事比別人強，好給自己添面子。怎麼可能呢？

05

為人父母的可能會覺得，孩子上學的時候，我幫他選好就業的科系；畢業了，我就在老家幫他找一份穩定的工作；然後幫他買房子、找對象、帶小孩……只要他生活安心，我也可以放心了。

但為人父母的可能搞錯了，孩子出現在這個世界上，是為了見識這個世界的，而不是單純地「讓你放心」的。

如果一個人的一生都是身不由己的，活得就像小肥羊的羊、肯德基的雞，那他有很大的機率會說：「我寧願從來沒有被生下來。」

家是港灣，不是公堂；愛是理解，不是禁錮；生是見識，不是活著。

幸福的原生家庭充滿了鬆弛感。當出現問題的時候，父母不是互相指責，而是團結在一起解決問題。

比如爸爸找不到車鑰匙了，媽媽會開心地說：「太好了，我們可以全家騎自行車去玩囉。」

比如媽媽記錯了學校集體出遊的日期，爸爸會開心地說：「太好了，今天去那裡玩，肯定不會人擠人。」

這樣的父母還知道不停地調整跟子女的關係：

他們一開始的身分是守門員，竭盡全力地守護子女的周全；然後成了教練，教子女為人處世的本事；然後成為啦啦隊員，退到場邊去加油助威；最後成為觀眾，退到觀眾席上，任由孩子自由發揮。

在這種環境裡長大的孩子，性格多半開朗，而且敢作敢當；懂得關心他人，但不會取悅誰。

這樣的孩子從小就見識過愛是什麼樣子，所以不會因為一點甜頭就奮不顧身，不會因為一點不爽就反目成仇，不會因為不被愛就自輕自賤。

而糟糕的原生家庭充滿了緊張感。父母總是在小事上消耗彼此，忘記帶鑰匙了，不小心把水弄灑了，養死了一盆植栽，飯菜做鹹了……

明明是一些可以忽略或者很容易補救的小事，卻被無限放大，吵得就好像天要塌了一樣。

這樣的父母總喜歡把「我什麼都要管」和「都是為了你」捆綁起來，把「你看我活得這麼辛苦」和「都是為了你」也捆綁起來。

他們省吃儉用，到處強調要把省下的都給孩子；他們吃剩菜剩飯，穿很多年捨不得換的舊衣裳，然後再三跟孩子強調生活的累與苦。

更有甚者，會把貴重的水果放到冰箱裡捨不得吃，等放壞了，再拿出來，削掉壞的部分吃。

在這種環境裡長大的孩子，心力交瘁，如履薄冰，一點小事就會暴跳如雷。表面上看似謙虛謹慎，實際上不敢擔責，一遇到事情首先想到「這不能怪我」。

即便是活到三十歲，依然感覺自己的腦袋後面懸著父母數落自己的食指。

原生家庭最可怕的不是貧窮，而是原生家庭觸發的自卑人格與悲觀情緒。

當父母跟孩子訴苦、抱怨、發脾氣的時候，其實是在將自己的焦慮、恐懼、委屈、憤怒都發洩在孩子身上。

可問題是，孩子什麼都做不了，只能在狂躁和憂鬱中搖擺，直到身體裡美好的東西被那些負面的東西吞噬掉，然後變得自卑、敏感、悲觀。

更糟糕的是，小時候情緒經常被忽視的孩子，長大了往往會拚命找認同；小時候容易緊張的孩子，長大了也容易焦慮。

所以，想給為人父母的提六個醒：

一、不要再跟你的孩子說「要不是因為你，我也不會……」、「我辛苦一輩子，還不是為了你」、「我把你養大，你就這樣報答我」、「跟你說那麼多，還不是為了你好」、「你就聽我的吧，難道我會害你嗎」……這些話就像一股股麻繩，每說一回就扭緊一次。

二、兩代人總有一代人要吃苦，做父母的不吃，那就子女來吃。窮人的孩子能不能早當家是不一定的，但窮人的孩子早受罪則是肯定的。

三、如果有一天，你對婚姻感到後悔了，那不能怪孩子。你不是因為孩子才當爸爸或者媽媽的，你是因為愛你的丈夫或者妻子才選擇做爸爸或者媽媽的。

四、人這玩意很現實，如果父母混得很差勁，那麼父母可能沒什麼權威性，父母的道理也就沒什麼說服力。因為子女會覺得：「如果你說的道理有用，那你就不會混成這樣。」

所以，即便有的父母用暴力讓子女「服氣」了，但子女的心裡依然有一個震耳欲聾的聲音在反抗：「呿！」

五、養兒防不了老，塗防曬才防老。所以請像愛孩子那樣愛你自己，像維護孩子那樣維護自己。

你是怎麼愛孩子的呢？比如把最好的東西都留給孩子；你是怎麼維護孩子的呢？比如「誰要是敢動我孩子一根汗毛，我就跟他拚命」。對對對，你就這樣對你自己。

六、不要把你的生活設定為「圍著孩子轉」。這會讓子女感到害怕，怕將來還不起這份恩情，怕將來要被迫地為你而活，怕沒辦法像你那麼偉大，怕自己會自私到只想為自己活。

優秀的父母一輩子都在想著「成全子女」。孩子若是平庸之輩，那就承歡膝下；若是出類拔萃，那就讓他展翅高飛。

糟糕的父母一輩子都在想著「控制子女」。最開始的時候，他們用暴力；後來打不過子女了，就用「經濟」；當子女經濟獨立了，他們改用「愧疚」。

06

再說兩件非常讓人唏噓的事。

A男孩把「晚安」傳錯了對象，傳給了自己的媽媽。後來回家見到媽媽時，媽媽告訴他：「因為那句晚安，我開心了好久。」

A男孩感慨道：「如果我把以前送給別人的那些口紅啊、包包啊、花啊都送給我媽，她會記一輩子。而那些人根本就不當一回事。」

B男孩用相機的「變老特效」錄了一段影片，傳給了媽媽。

媽媽問：「孩子，你怎麼變老了？」

B男孩答：「用了一個『變老特效』的功能。」

媽媽說：「還有嗎？我想多看看你老的樣子。」

B男孩問：「為什麼呀？」

媽媽說：「真等你老了，媽媽就看不到啦。」

父母的世界很小，小到只裝滿了子女；而子女的世界很大，大到可以忽略父母的存在。

結果是，父母常常忘了子女已經長大了，而子女常常忘了父母已經老了。

父母在的時候，子女習慣了他們的陪伴、愛護和嘮叨，卻忽視了時間的殘酷，還誤以為那是束縛，是阻礙，是麻煩。

不要等父母不在了，你才知道「來日並不方長」，才意識到「為人子女也是有保鮮期的」。

希望你早日明白：一家人整整齊齊的，就是最大的幸福。

華人父母大概是這樣的：縮衣節食了大半輩子，終於看到孩子考上大學、進入職場、戀愛結婚、為人父母……以為自己終於完成了任務。

但是，做父母的並不知道，像子女這樣沒資本、沒背景的人，上班是要看老闆的臉色的，租房子是要看房東的臉色的，努力工作也是存不了什麼錢的。

華人子女大概是這樣的：對父母既深愛，又怨恨；既愧疚難當，又滿不在乎。一邊抱怨父母不懂自己，不支持自己；一邊心疼父母工作辛苦，養自己不容易；一邊想逃離這個家，一邊又想賺好多錢給他們花。有時候氣昏了頭，也會對父母講狠話，說完了又後悔，可心裡面很委屈，因為是父母讓自己渾身長滿刺的。

但是，為人子女的並不瞭解，父母是因為生活不易才活得那麼粗糙的，是因為見識有限才變得那麼狹隘的，是因為時代進步太快了才有了迂腐的味道。

所以，想對為人父母的說一句：孩子並不是自己要求出生的，而是你們決定要生下來的。

如果你正在生孩子的氣，請按一下「暫停鍵」，把記憶倒轉到孩子新生時，反覆回味當時的喜悅與激動，以及虔誠地跟神明講的那句：「不求大富大貴，只求他平安喜樂就好。」

也想對為人子女的說一句：人生最大的教養，就是接受父母的平凡。

如果你對父母感到失望，也請你按一下「暫停鍵」，把記憶倒轉到自己三五歲時，想想當時對父母的依賴和崇拜，以及無比認真地跟爸爸媽媽講的那句：「我可能不是最好的小朋友，但一定是最愛你的小朋友。」

出生無法選擇，但人生可以。如果你不是來自一個幸福的家庭，那請確保一個幸福的家庭是來自你。

4 往前走的能力：拎著垃圾走太遠的路，只會害你錯過很多禮物

Q：短暫地在一起，到底是獎勵，還是懲罰？

01

前任的哪一句話讓你停止了糾纏？

「放不下是你的事，跟我有什麼關係。」

「我求求你了，你放過我吧。」

「我說得還不夠明白嗎？」

「不要再干涉我的生活了，不要給臉不要臉。」

「我不愛你了，我對你沒什麼感覺了。」

「再多說一句，我就封鎖你。」

「我已經不喜歡你了，聽不懂嗎？」

「我沒辦法喜歡你了，你要我怎麼辦？」

「別煩我，謝謝。」

「我忍你很久了。」

「你這樣我很累。」

「別再提以前了，我聽了都覺得噁心。」

「我們真的不適合。」

「祝你幸福。」

實話告訴你吧，愛情從來都不保甜。對戒沒用，情侶頭貼沒用，情侶裝沒用，合照沒用，公開發動態沒用，發誓也沒用。

所以正確的戀愛心態是：我既確信你對我好是我應得的，又明白你對我好不是理所當然的。所以我既感激「你的好」，也會回應你的好。我既有底氣去接受「你的好」，也有勇氣去收回「我的好」。

與你相愛時，我們滿腔孤勇；與你分開後，我們素不相識。這就夠了。

如果把我們的人生比作一部電影，那麼，那些你很喜歡但最終走散的人，那些你很想擁有但始終沒資格得到的東西，都可以算作電影裡的一個角色。

他們只是在某個時段的某個情節裡出場，他們只是為了讓你這部電影更加流暢、更合理、更精彩。

他們必不可少，但終究不是主角，所以，鏡頭一切換或者戲份一結束，他們就得退場。

你只需演好你自己，在他們登場的那段時間裡，好好配合他們的演出，好好感受他們帶來的驚喜和落寞；但在他們退場之後，就不要再去找他們研究劇情了，畢竟作為臨時演員，他們還要趕別的場子。

02

有人跟我講了他前任的事，我聽完就動了心，是噁心的心。

他認識前任時剛剛考上研究所，是個典型的窮小子。前任也不富裕，在一家花店工作，一個月的薪水是三萬出頭。前任對他很好，為他做飯、洗衣服，買電腦以及各種衣服鞋子給他。

前任滿心期待著，等他畢業了，就和他結婚。

然而在他畢業前夕，他簽了一份月薪十萬的工作。並且，他開始跟一位學妹曖昧不清。他特地強調了一句：「學妹的長相、穿著品味、學識和家境都遠超過前任。」前不久，他跟前任提了分手，並坦白說他想和學妹在一起，他說感情的事不是他能控制的。

前任聽完了，既沒哭，也沒鬧，而是平靜地收拾東西，對他說了一句「祝你幸福」，轉身就離開了。

他說他寧可前任罵他，也不要聽她說「祝你幸福」，他說他要把前任這四年花在他身上的錢雙倍奉還。

他問我：「我把欠她的加倍還給她，能不能算是兩清了？」

我反問道：「她在沙漠裡給了你一瓶水，你回到城市後還給她兩瓶，這能算兩清？」

他又說：「前任已經配不上我了，這是事實吧。」

我忍住噁心回了一個字：「哦。」

我倒不是對男生的始亂終棄噁心，而是對他始亂終棄了卻還想當好人噁心。

我倒是很理解女生的決絕，因為仁至義盡了就可以心安理得地無情無義。

愛情很詭異，它既能讓人像佛，也能讓人像魔。愛你入迷時，她是大慈大悲、柔情無限的佛；可一旦你的渣渣行為讓她清醒了，那她就會變成萬念俱灰、冷漠無情的魔。

愛情也很神奇，我們可以在很愛一個人的同時，依然選擇和那個人說再見；也可以

在時刻想念一個人的同時，依然慶幸那個人再也不會出現在我們的生命裡。

人性的醜陋在於，當你打心眼裡覺得另一半配不上自己時，你們吵架和好了，你會覺得是自己在遷就她；你吃了她為你做的晚餐，你就覺得自己對她夠好了。自始至終，你都是心不甘、情不願的，所以你始終都是居高臨下的姿態，你內心的潛臺詞是：「你根本就配不上我，而我還那麼配合你，你還想怎麼樣啊？」

你可以不喜歡這個人，也可以覺得人家配不上你，那你別選，別撩，別答應，別承諾……

可你呢？分手捨不得，不分手又總感覺對方礙事，只好繼續拖著，拖到自己完全不需要對方了，然後隨便一個導火線，就把蒙在鼓裡的她炸得血肉模糊。

而她呢？在你最落魄的時候對你鼎力相助，在你最需要陪伴的時候一直在你身邊，她以為你是真的愛她，沒想到你只是「暫時需要她」。

她把青春裡最寶貴的那幾年都給了你，把人生最大的信任都給了你，她以為你能帶她走向幸福的天堂，沒想到你是來告訴她地獄有幾層的。

更過分的是，你不僅不知道自己的言行對人家造成了多大的傷害，你還覺得自己是迫不得已的，甚至覺得自己是個好人。

呸。

03

又想起一個女生的分手故事，我聽完覺得好酷，是殘酷的酷。

男生跟她提分手的時候，她在電話裡泣不成聲。在漫長的沉默之後，對方丟過來一句話，直接把她給「鎮住」了，男生說的是：「你知道嗎，你現在在那邊哭成這樣，我一點感覺都沒有……」

她愣了一會，然後就不哭了，她甚至還能腦補出對方沒說出口的後半句——「我還覺得很煩」。

她回了一句「我知道了」，然後就掛斷了電話。

她想罵人，想找個人大哭一場，但她只是洗了一把臉，再化了個精緻的妝，然後就去上班了。但在對方那句話蹦出來的一瞬間，就好像有一大車的水泥灌進了她的心裡，並迅速地凝固了。

即便是吵得最兇的時候，她也從來沒想過他們會分手，因為男生一直灌輸給她的理念就是：「記住，永遠是我害怕失去你，而不是你害怕失去我。」

直到她意識到不對勁了，去質問男生「是不是有喜歡的人了」的時候，男生還振振有詞：「一個巴掌拍不響，你難道就沒問題嗎？」

用疑問句回答疑問句時，一般是說中了。

後來的日子裡，每每遇到心動的人，她的腦子裡就會自動播放那句話：「你現在在那邊哭成這樣，我一點感覺都沒有……」

女生問我：「他怎麼突然就不愛我了呢？」

我回答道：「人都能突然死掉，突然不愛算什麼？如果你回過頭看，也許會發現並不是毫無預兆，只是你以為你們的感情足夠堅固，才忽略了那些預兆。」

女生又問：「那我真的有問題嗎？」

我說：「這個時候，能怪別人就盡量別怪自己。不要幫他找理由，不要為他解釋。你只需記住，沒有徵兆的分手都是蓄謀已久，無縫的銜接就是劈了腿。」

切記，人和人之間沒有突然，他想好了才會來，他想清楚了就會走。沒有誰會「為了你好」而離開你，他們走或者留，都是為了他們自己。

那麼你呢？

你能接受「愛會消失」這件事嗎？一個人全心全意地愛你，卻在某一天突然就說不愛了；一段關係堅固可靠，卻在一夜之間就分崩離析。

你會如何對待可能會變質的愛情呢？是像個勇士一樣，無所畏懼地為愛衝鋒陷陣，每一次都全力以赴？還是做個膽小鬼，從一開始就做好失去的準備，既不期待，也不盡力？

你是不是想要死纏爛打？內心驕傲的你知道那個鬼樣子有多醜，但還是忍不住做出種種不理智的「打擾」，比如每個節假日邀請他出去玩，比如大半夜傳很長的文字給對方，比如在清晨準時地說早安、送早餐。

即便是做好了「不會在一起」的打算，但就是忍不住想要對他好，想要見到他，想知道他的全部消息。

那段時間裡，懦弱和勇敢混在一起，深情和絕情混在一起，「我真的不喜歡你」和「我真的喜歡你」混在一起，不多不少，足足能要你半條命。

我只是替你擔心，怕你那乾淨又熾熱的愛在盛開之時，卻突然被人連根拔起，以至於以後的你該怎麼栽種、怎麼施肥、怎麼開花，你始終心有餘悸。

04

有一段很扎心的對話：

「你總是偷偷地看他的個版，你就不怕突然有一天，你看到的不是他的自拍，而是一張合照嗎？」

「不怕啊，我就是在等那種合照。」

困住一個人的到底是什麼？是不甘心就這樣錯過了？是覺得自己的付出都白費了？是不敢相信要永遠失去這個人了？是怕自己再也遇不到喜歡的人了？還是曾經相愛過的每一秒都像是永遠？

也許連你自己都不清楚，但可以確定的是，他已經不愛你了。你該明白的是，拎著垃圾走太遠的路，只會害你錯過很多禮物。

那麼，被分手了怎麼辦呢？

首先，不要亂來。

什麼質問、指責、爭吵、哭鬧，威脅、求和、沒完沒了的電話簡訊轟炸，以及到對方的家裡、公司、學校去堵人，又或者求親人、朋友、同事去幫忙溝通，甚至是用自虐的方式威逼利誘、打擊報復等一系列不理智行為，不僅發揮不了任何效果，還會傷害自己和對方，讓對方覺得你是一個容易失控的、可怕的人，讓對方更迫切地想要遠離你。

世界上最傷心的事情莫過於，最後你成了你最愛之人唯恐避之不及的人。

其次，停止視奸。

很多人分手後都會不停地去翻對方的ＩＧ、臉書、Threads、LINE 主頁……這個時候關於對方的任何消息都會在你負面情緒的指導下得出負面的解讀。比如，你可能會想：

才分手多少天，我還在這裡痛苦不堪，他怎麼能開開心心像是無事發生？

所以別再過度關注對方，這不是在放對方一馬，而是放自己一馬。

第三，可以試著挽回，但不能不要臉。

挽回一個人要用正確的溝通方式，用認真的自省反省，用切實的改變，用真實的自我提升，來讓前任重新認識到你的價值、你的獨特、你的魅力。

能讓一個人回心轉意的，一定是你的好，絕不是你的一廂情願，更不是你的糟糕。

最常見的「糟糕」就是，自己不反省自己的錯誤，不改變自己的臭毛病，只是沒完沒了地求對方再給一次機會。

先是不停地道歉、認錯，告訴對方自己有多不懂事，承諾一定會改變，祈求對方回來；被拒絕了，會惱羞成怒地詛咒對方；飆完狠話之後，並沒有覺得痛快，反而更難過了；再然後，又去找對方道歉，甚至還虛情假意地祝福對方。如此循環反覆，直到被封鎖。

第四，把時間花在自己身上。

把時間分給睡眠，分給書籍，分給運動，分給花鳥樹木和山川湖海，分給你對這個世界的熱愛。你可以做一些平時想做但沒做的事，買一些想買但捨不得沒買的東西，學一些以前想學但沒時間學的技能，而不是用酗酒、熬夜、自虐、放縱等方式對自己進行二次傷害。

最重要的是第五點，努力變優秀。

將自己擅長的技能再提高一下，將自己不擅長的再補強一下，把注意力全都放在提升自己上。

當然了，變優秀並不一定能讓那個不喜歡你的人喜歡你，但是能讓自己喜歡自己。

用不了兩個月，你就可以從灰頭土臉的日子裡落落大方地走出來，變得光芒四射。

等你真正走出來的那天，再看他時，真的就和路人甲乙丙丁沒有任何區別了，你甚至還會自嘲：「我以前的眼光怎麼那麼差呢？」

完全放下一個人的感覺，就像是從一場稀裡糊塗又糟糕透頂的夢裡猛然驚醒，突然發現身邊的人事物都變得越來越美好了。

成熟的重要標誌是擁有往前走的能力。有時候是用眼淚一通亂走，有時候是用演技硬走，還有時候是用好吃的狂走，走著走著，人生、臉皮和肚皮就都有了厚度。

05

哦，對了，還要指出一個殘酷的真相：很多感情只有一個人會覺得遺憾。

不被珍惜的你，會用自以為偉大的方式來製造「我很癡情」的假象，以此來掩飾你那營養不良的愛情。

比如大雪夜去對方的窗子外面站一會，比如寒冬臘月頂著狂風為對方送一杯飲料，比如不遠萬里去給人送一盒感冒藥，比如熬一個通宵陪坐火車回家的他閒聊……你自己回想起來會很上癮，有一種喬峰血戰聚賢莊的豪邁感。

但是對對方而言，一杯飲料就只是五六十塊一杯、點開外送軟體就能買到的飲料，一盒感冒藥就只是下個樓、隨隨便便就能買到的感冒藥，根本就沒有你以為的「偉大犧牲和深沉的愛」。

所以，你們的記憶會出現偏差，你談起那些事情時會激動不已，而對方只會皺著眉頭問：「有這件事嗎？」

5 有話直說：打直球的人永遠充滿魅力，也永遠掌握主動權

Q：為什麼打直球的人會很加分？

01

先來看四組對話。

第一組是網路名字叫「小雷家」的KOL發布的。

妻子：「老公，你半夜幫我把水裝好，我真的很感動。但是我能不能給你一個小小的建議？」

丈夫：「什麼建議？」

妻子：「你能不能不要每次都裝一百度的水，我喝六十度的水。」

丈夫：「我考慮的是，你半夜起來，它溫度降得剛剛好。」

妻子指著杯子說：「可是它叫保溫杯。」
丈夫嘿嘿的笑，妻子接著說：「我半夜只喝了三口，太燙了，舌頭都痛了。」
丈夫：「所以你到底是感動，還是想教育我一下？」
妻子笑瞇瞇地說：「痛並快樂著。」
第二組是一對夫妻在辦完離婚手續之後說的。
妻子：「我們去吃最後一頓飯，去吃你最愛吃的砂鍋魚頭。」
丈夫：「我吃了這麼多年的魚頭，這次讓我吃魚肉好不好？」
妻子：「啊？你不是最愛吃魚頭嗎？每次吃魚，你都搶著吃。」
丈夫有些慚愧地說：「以前家裡不富裕，很久才吃一頓魚，每次我都想把肉留給你吃，時間久了，就慢慢習慣了。」
妻子：「其實我最喜歡吃魚頭，每次看見你搶著吃魚頭，我都讓給你……」
第三組是一對相親之後的年輕人說的。
女生直接問：「你說，我們是走走過場，還是直接在一起？」
男生答：「那你說說看，你喜歡什麼顏色的癩蛤蟆？我試著變一隻。」
第四組不算對話，但勝似對話。
一個男孩說：「我幫生理期的女朋友買了帶冰的飲料，她看我的眼神就像是我出了八次軌。」

喜歡要講出來，不喜歡要講出來，感謝要講出來，不滿也要講出來。不要用沉默去制裁對方。

你開口了，才能得到鮮花或者一句「抱歉」；你把態度表明了，你才可能升級你們的關係或者得到合理的「解釋」。

不要一邊生著悶氣，一邊等人來哄；不要一邊兇別人，一邊盼著別人能對自己更好一點。

最輕鬆的關係是互相打直球，不用猜心，有話直說，有問題擺出來一起談，堅定而清晰。

打直球的意思是：你大可不必半推半就，請你用最直白的態度，讓我收手，或者讓我毫無保留。

我所理解的「打直球」：

就是我可以直截了當地表達我的想法，你也可以大大方方地說出反對意見。大家都很坦蕩，誰也不會覺得難為情。兩個人就像是站在陽光下，視野開闊，簡簡單單，一目了然。

就是不會計較「誰先低頭、誰先認輸、誰先邁出第一步」，不會把時間、精力、機會浪費在沒完沒了地猜忌上，而是像小孩子那樣童言無忌。

就是開心的、難過的、介意的統統都擺在檯面上，比如直接告訴對方：「我希望你下班了來接我」、「我不喜歡你跟異性聊得那麼多」、「我在看影集的時候，麻煩你講電話到外面講」、「我的口紅用完了，你送我一個××色號的吧」……

就是跳過遍地的套路，把心房的鑰匙徑直塞到對方的手裡，然後在心門上掛著大寫加粗的「歡迎光臨」。

怕就怕，你明明很介意對方和異性聊天，卻要假裝瀟灑地說：「那很正常呀，誰沒有異性朋友。」然後看他們聊得熱火朝天的，忍不住懷疑對方是不是移情別戀或者另有新歡。

明明很希望對方多陪陪自己，卻要假裝大度地說：「我沒事，你忙你的。」然後看著對方熱鬧的動態，忍不住猜測對方是不是根本就不需要自己。

明明錢包緊張，不想去高級飯店吃大餐，卻佯裝寵溺說：「我請你，沒關係的。」然後看著帳單鬱悶不已，失望對方為什麼不懂得體諒自己。

一次次的誤解和無端猜測，一次次在委屈中打退堂鼓、在不滿情緒裡悄悄給對方扣分……可明明只是一些雞毛蒜皮的小事，卻讓兩個彼此相愛的人漸行漸遠了。

別生悶氣了，有想法就說，有要求就提，有不滿就好好聊。

用平和的語氣，坦誠地說出自己的真實感受和觀點，可以減少七〇%的沒事找事、八〇%的自以為是以及九〇%的胡思亂想。

要永遠記住，所有的相愛都是努力的結果。

02

有一個很熱門的問題：在另一半面前，是把所有負面情緒都說給對方聽？還是應該壓抑自己的負面情緒？

支持「表達情緒」的人會覺得：如果你連我的負面情緒都接受不了，那你憑什麼享受我對你的好？

而支持「保留情緒」的人會覺得：沒有人應該是別人情緒的承擔者。為什麼你的情緒要我負責，憑什麼我要當你的情緒的垃圾桶？我自己都忙不過來。

這揭露了兩性關係裡的兩難境地：表達情緒，對方可能會受不了；而保留情緒，自己可能會受不了。

但這裡有個「誤解」，「表達情緒」不等於「發洩情緒」，「保留情緒」也不等於「壓抑情緒」。

很多人所謂的「表達情緒」，只是肆意地貶低、指責、抱怨，不分場合地宣洩、拆臺。其態度是：「我對你展示最真實的壞情緒，而你必須好好哄我，你不能覺得煩，不能強硬，也不能有情緒」。

很多人所謂的「保留情緒」，只是因為過分地考慮對方的感受，然後過度地壓抑自己。很多人會覺得：「我又不是沒有表達過，可是對方根本就沒辦法接受。果然是這樣，我不能有任何情緒，我只能忍著……」

我想提醒你的是，錯不在情緒，而在於你的表達方式。對方排斥的也不是你的負面情緒，而是你夾雜在負面情緒裡的攻擊性、威脅，以及勉強。

你明明累得需要關心，悶得需要幫助，可你卻露著獠牙咆哮：「我每天這麼累，你不要無理取鬧了！為什麼你不能瞭解？你只想著你自己，就不能替我想想嗎？」

你明明想告訴對方「我想要親親抱抱舉高高」，可在對方看來，你就像是在拿著一把刀亂砍，對方只顧著躲你的刀，哪還有心思去關注你這些話背後的需求、委屈和辛苦？

每一種情緒的背後，其實都隱藏著你的某種需求。

如果你感到緊張，你可能需要安全感；如果你感到麻木，你可能需要放鬆一下；如果你感到憤怒，你可能需要被理解；如果你想躲起來，你可能需要在乎；如果你感到焦慮，你可能需要支援。

這些時候，如果你為自己戴上「我很好」、「我沒事」的面具，那對方看到的只是這個面具，看到的只是「你沒什麼事」和「你可以自己處理」。那他當然不知道真實的你有多痛苦，當然無法理解你的內心有多掙扎，當然不知道你也需要照顧，當然沒辦法給你有效的安慰。

更糟糕的是，壓抑越久，你就越委屈，你就越像一個移動的炸彈，對方做的一點小事就能瞬間把你引爆。到那時，你的情緒把你自己炸得面目全非，而對方還覺得自己特別無辜，覺得你在小題大作。

所以我的建議是，與其忿忿不平地說「離我遠一點，我就想一個人靜一靜」，不如湊到他耳邊說：「我想一個人待一下，但是你也別走得太遠。」

與其指責對方「你怎麼每次都這樣，一點都不關心我」，不如溫柔地對他說：「我希望你聽我說一下話，我現在很難受。」

與其假裝堅強地強調「我沒事」，不如牽著他的手說：「我需要你。」

與其假裝懂事地說「你去忙吧」，不如撒著嬌說：「我們聊一下吧，就五分鐘。」

情緒奔湧而來的時候，哪怕是最微小的安慰，對這段關係而言也是意義重大的。

就像是「我沒有生你的氣」、「我只是想一個人待一下」、「我晚一點再聯絡你」，甚至是「我現在還不想跟你說話，等一下再說」、「我現在有點煩，你讓我靜靜」、「我腦子很亂」。

這樣的回饋總是能夠讓人稍微地「如釋重負」。

感情出了問題不要拖著，有了情緒不要積著。不要做冷漠的小氣鬼，不要口是心非還嘴硬，不要等著對方猜你的想法，不要抱著「我不說，但你應該懂我」的幼稚想法，要多見面，多牽小手，多擁抱，多聊天，多說「我想你了」，要大方地感激「有你在，我很安心」和「你對我真好，我今天過得很開心」，要多向對方展現自己內心裡柔軟和溫暖的部分。

否則的話，他要嘛是束手無策，要嘛是無動於衷，要嘛是唉聲嘆氣，要嘛是看什麼都不爽，而此時的你能夠得出的結論只有一個：「他沒有以前那麼愛我了」。

切記，情緒表達得太過潦草，理解成本就會水漲船高。

03

這一幕是不是很常見：

男生問：「你看看，這個包包你想不想要？」

女生臉色一沉：「你如果是真心的，就直接買給我，如果你問我，那只代表你不是真的想送，那我的回答是——不要！」

然後，男生覺得女生不可理喻，女生覺得男生有口無心。

再然後，兩個人大吵一架，或者因此忿忿不平很久，又或者因此徹底地分道揚鑣。

其實呢，男生問女生「你想不想要」，就是想知道「你是不是真的喜歡」。

他怕他擅作主張買回來的東西你不喜歡；他更怕他買回來之後，你嘴上說喜歡，但實際上沒那麼喜歡；他還怕他買回來之後，你不高興了，說「我喜歡的是這個，你竟然買了那個」，然後痛斥他「你根本就不瞭解我」，然後得出結論是，「你根本就不愛我」。

可能你會反駁：「那為什麼每次我買給你的東西，你都很喜歡？我之所以不喜歡你買的，還不是因為你沒有用心。」

那有沒有一種可能是：因為只要是你送給他的，他都喜歡。不是因為你多用心，而是因為他愛你。

問你了，你就直說。喜歡就說「我喜歡」，不喜歡就說「不喜歡」，想要就說「那就買這個顏色的」，討厭也不要藏著匿著；不要動不動就暗示，不要動不動就要人猜，不要把風花雪月的浪漫愛情過成了需要絞盡腦汁才能破解的懸疑片。

累不累啊？

打直球不是尋求認可，而是尋求支持，不是「親愛的，我想問一下，我這樣想，你看行不行」，而是「我想去的地方是這裡，我想做的事情是這樣，你可不可以支持我」。

04

就算你喜歡「打直球」，但不等於你「會打直球」。比如說：

明明是希望對方幫一下自己，開口就是：「整天就只會躺著玩手機，一點都不會讀空氣，你四肢都要躺到退化了！」

明明是想要對方多陪陪自己，開口卻是：「也不知道你一天在忙什麼，也沒在賺錢，就一天天瞎忙，打個電話給我會死嗎！」

明明是盼著對方早點回家，開口就是：「八點沒到家就別回家了！」

直球式交往不等於沒禮貌，不等於莽撞，不等於命令，而是用直線思維，配上溫柔的口吻、溫和的態度、友善的表達、誠實的善意，來呈現自己的真情實感。

那麼，怎樣才算是正確地打直球呢？

如果你只是想單純地表達愛意，那就不要吝嗇「加糖」，糖度超標了也不要怕。

「你知道嗎，我真的覺得自己是全天下最幸運的人，因為我遇見了你呀。」

「有個祕密要告訴你，全天下真的只有我，才是最最喜歡你。」

「快快快，看過來，今天我也很愛你。」

如果你是想表達自己的需求，不要委婉，不要說一半留一半，要直接講出來。

「親愛的，我想要你陪我看個電影。」

「親愛的，我想要你幫我拿一下快遞。」

「親愛的，我們一起去旅行吧。你之前太忙，我不忍心打擾你，現在你忙完了，我好想和你一起去玩呀。」

如果你心存疑惑，稍有不滿，切忌自行揣測，腦補一大堆後陰陽怪氣，直接索要答案才最給力。

「親愛的，你可不可以抱抱我，不然我要哭了，是哄不好的那種。」

「親愛的，我覺得你最近不開心，你是遇到什麼事了嗎？你想說的時候就告訴我，無論什麼情況，我都堅定站在你身邊。」

「親愛的，我不太瞭解你剛才的做法，你是怎麼考慮的，可以跟我講講，我不想被你誤會，更不想對你有誤解。」

人和人表達關心的方式是完全不一樣的，有的人表達關心是告訴難過的人「沒什麼好難過的」，有的人表達關心是問難過的人「要不要吃冰淇淋」。什麼樣的關心是你真正想要的，你就直接告訴他。既不耽誤你療傷，也不浪費他的好心好意。

如果你已經氣到裂開，快要原地爆炸了，不要兇巴巴地瘋狂指責，先讓情緒冷靜下來，然後客觀描述自己的行為和感受就好。在理智的狀態下說不滿的話，威懾力常常超乎你的想像。

「親愛的，你那樣說、那樣做，真的讓我很不開心，下次不要這樣了，好不好？」

「親愛的，你今天的態度讓我很難過，但我不想跟你吵架，我知道你有苦衷，但我們換一種方式解決，或許能皆大歡喜。」

「親愛的，我要很嚴肅、很認真地跟你說一件事，你可不可以不要再……，你每次這樣，都讓我很崩潰，相信你能體諒我，你向來都最善解人意了。」

如果你想讓對方做出改變，不要搬大道理，這只會勾起對方一身反骨，繼而專門和你唱反調。不如溫柔地說：

「親愛的，最近有個戀愛綜藝節目很紅，我們一起看看吧，互相學習一下怎麼談情說愛。」

「親愛的，我最近看了一本書，我覺得裡面的觀點很好，不然我們一起讀，然後探討一下？」

「親愛的，你看那個誰因為這件事吵架了，我們好像也出現過類似的問題，我們也得重視一下，免得以後又吵架，那樣太傷感情了。」

不要拐彎抹角，不要說反話，不要冷冰冰。要直接，要真誠，要熱烈。人類永遠會為真誠和坦蕩而心動。

05

哦，對了。打直球在職場裡也很管用。

比如乙方做了幾個方案給你，你明明是對構圖不滿意，偏偏只說「這個地方的顏色不太好看」；明明是對整體創意不滿意，偏偏只說「這個線條不活潑」。對方就會誤以為你只是對某個細節不滿意，於是大費周章去修改細節，等改出來之後，你還是不滿意。結果是，時間和人力都浪費了，你覺得乙方的能力不行，乙方覺得你的審美有問題。

不如直接一點。看到乙方的方案，不滿意你就說：「這個方案不行。」

乙方如果強調他們的專業，還對你說：「我們幾個都覺得這個方案滿好看的，你要不要再看看。」

你就可以直接告訴他：「好不好看是沒有法院能做裁決的，但我是甲方，你就得聽我的。」

呃。

如果你是乙方，你當我什麼都沒說。

Part 3

困住你的到底是什麼？

一個孩子有沒有見過世面，不在於他報名了幾個才藝班、去了幾次博物館、出了幾次國，而是明白世界的寬廣、歷史的厚重，以及未來的無限可能。

一個成年人有沒有見過世面，不在於活了多大歲數、經歷了多少事情、去過多遠的地方，而是明白人與人之間的差異、人性的幽暗，以及世事的無常。

1 認知是一個人成長的天花板：世界並非雙眼所見，因為眼睛不會思考

Q：困住你的到底是什麼？

01

先講三個小故事。

在電影《一九四二》[4]裡，逃荒的富翁老范對長工栓柱說：「等到了陝西，立好了腳，就好辦了。我知道怎麼從一個窮人變成富翁，不出十年，你大爺我還是東家。」

栓柱答：「東家，到時候我再當你的長工。」

同樣是逃荒的人，遙想十年之後，富翁仍覺得自己會是富翁，而長工依舊覺得自己

---

4 馮小剛執導的中國電影，改編自劉震雲的小說《溫故一九四二》。

還是長工。

第二個是一件真實事件。有個男生回農村老家過年，一位老人家問他：「你一個月能賺多少錢？」男生說：「不到十萬。」

結果老人家勃然大怒：「一個人怎麼可能一個月賺那麼多錢呢？年輕人不要吹牛皮，更不要走歪路！」

在那個老人看來，一個月最多就賺兩三萬塊，而且要非常辛苦，要起早貪黑，他不相信一個人一個月可以賺那麼多錢。他沒聽說過，他做不到，所以他堅定地認為，能做到的人，要嘛在吹牛，要嘛在犯罪。

第三個是一幅插畫。一群人爭得頭破血流，只為搶地上的一塊金子。這時候來了一個路人，他撿起地上的一顆鑽石，轉身就走了。

搶金子的那幫人並非沒有能力搶鑽石，而是自始至終都沒有人告訴他們：這個世界有比金子更值錢的東西。

很多事，你做不了，不是能力不行，而是因為你根本就不知道，所以就算你見到了、聽到了，你一時也很難相信，你不會朝那個方向努力。你只會重複你的固有模式，日復一日，很快就成了一生。

為什麼你過得不好？因為你不知道的太多了。

為什麼你不知道？因為你沒見過、沒聽過，也沒想過。為什麼你不去學？因為你不知道學了有沒有用。

世界上最大的監獄就是我們的大腦，走不出自己的觀念，到哪裡都是囚徒。

就像駱駝祥子[5]到死都認為，他之所以沒能過上好日子，是因為他拉車不夠努力。

你身邊有沒有這樣的人：

看到女同學嫁了高富帥，他不屑一顧：「誰知道是不是真愛？等著看吧，早晚會離婚。」幾年過去了，人家不但沒有離婚，還過得滿好，他又陰陽怪氣地說：「表面上滿好的，誰知道背地裡受了多少委屈？」

親戚家的孩子透過努力，在大城市裡過得風生水起，他卻怪聲怪氣：「一個普通小老百姓，再怎麼努力也不可能成大事，誰知道背地裡有多少見不得人的交易呢？」

同事高升了，他卻面露鄙夷：「就他那樣也能升職？肯定有關係、有背景，不然這好事怎麼可能落到他頭上？」

新來的同事在試用期表現出色，正式入職就被老闆升職加薪了，大家都稱讚不已，他卻說：「肯定是老闆的親戚。」

5 老舍創作的中國現代長篇小說《駱駝祥子》的主角，是個命運坎坷的人力車夫。

有人到處旅行，不僅見識了各地的人情和風景，還順便賺了很多錢，大家都很羨慕，他卻說：「這種好事怎麼可能輪到我們普通人？他家裡肯定幫了大忙。」總之就是，凡是別人做到了他做不到的，別人得到了他無法擁有的，別人經歷了他沒經歷過的，他都不相信。

他不相信這個世界上有美好的愛情，不相信有患難與共的友誼，不相信一個人透過自身的努力能夠成功，也不相信這個世界上存在著跟自己完全不一樣的人。他縮在一個狹小且堅硬的殼裡，眼界越活越窄，觀念越來越狹隘，想法越來越偏執。

這種人當然也無法理解：同樣款式的包包，只是加了一個logo，價格憑什麼貴幾百倍；同一款車，只是座椅用了真皮的，為什麼就要加價好幾萬；同樣的手機配置，只是品牌不同，居然要貴一倍。在他看來：「這不是傻嗎？」

看到孫悟空翻完筋斗卻依然還在佛祖的手掌心裡蹦跳時，他也笑悟空傻，可他自己何嘗不是這樣呢？一件小事就可以把他折磨得死去活來，一點小情緒就可以把他弄得人不人、鬼不鬼的。

人在錯誤的認知裡，很難做出正確的判斷。就像你的輪胎是方的，人生的路就難免會走得很顛簸。

02

在江陰市的一個村子裡，俞敏洪[6]和他的朋友從小一起上學，一起參加升學考，但考了兩次都沒考上。俞敏洪對朋友說：「再考一年吧！」朋友就去找他媽媽商量，得到的回覆既簡單又粗暴：「考考考，你還考個屁啊？都考兩年了，我們家祖祖輩輩都是農民，你就老老實實當你的農民吧。多幹農活，早點蓋房子、娶老婆。」

後來，俞敏洪考上大學，創辦了新東方，而朋友種了一輩子的莊稼。兩個起點非常接近的人，卻有著截然不同的人生，俞敏洪對此總結說：「因為朋友離開農村的意願遠遠沒有我強烈。」

俞敏洪小時候去過繁華的大上海，黃浦江兩岸的燈光、江中的大遊輪、寬敞的街道、各式各樣的汽車對他產生了強烈的衝擊。他從小就知道，這個世界很大，遠不只眼前的幾畝田地、幾隻牛羊和幾條小河。所以他從小就下定決心，這輩子一定要去大城市。

認知是一個人成長的天花板。當你見識過更好的生活，你就不甘心輕易選擇差勁的

6 中國民辦教育家，北京新東方集團創始人及校長，現任新東方教育科技集團總裁。

人生。

另一個真實的故事發生在十多年前，有個男生打算從一家網路公司離職，去一家外商上班，因為外商當時承諾給他的年薪是一百萬，比他在網路公司的收入高很多。

就在他提離職的前一天，男生參加了一個校友會，跟一個大他十屆的學長聊起了離職的事。

學長問他打算去哪裡，以及為什麼離開？

他說要去外商，因為年薪有一百萬，比網路公司給的多。

結果學長冷冷地說：「一百萬不也是窮人嗎？網路企業更有未來，你應該待在這個行業。」

男生想了一整晚，想明白了兩件事：「一，學長沒理由要害自己；二、學長非常成功，他的認知一定比自己高。」

於是，他選擇留在了網路公司，後來，網路行業蓬勃發展，他的收入翻了幾十倍。

真正限制一個人的，不是經濟上的貧窮，而是認知上的困頓。認知的水準和層次不夠，吃再多的苦也徒勞無功。我們終其一生都在跟自己的認知博弈。我們取得的每一次微小的進步，都像一個臺階，讓我們站得更高，看到更大的世界。

當你見過一臺好鋼琴，你就會發現，隨便一個低音就像深海裡的鯨魚那樣厚重磅礴，而自己用的琴就像是別人「咚」的一腳踹在房門上。

當你見過一輛好的自行車，你就會發現，再小巧的女生也能單手舉起來，騎行的感覺就像是有人在幫你踩踏板，而自己以前的騎行感受就像是在和地球拔河。

你去過一家優秀的公司，你就會發現，這裡的每個人都很有幹勁，每天都很有目的，每件事都很有效率，你會發現工作是如此開心且有激情的事。而自己以前待的公司，人人都在賴皮、推諉、抱怨，有的人不僅不好好做事，還拉幫結夥地排擠真正想做事的你。

你就會明白，怪不得人家薪資待遇那麼好，怪不得在那裡工作的人那麼開心、忠誠、甘願奉獻。

你遇到了一個對的人，你就會發現，戀愛是很甜蜜的，婚姻是很幸福的，雞毛蒜皮的生活是可圈可點的，而曾經那個糟糕的前任，不是讓你自卑，就是逼你抓狂，一度讓你懷疑愛情也不過如此。

你出了社會，見了很多人，玩了很久的社交軟體，你就會發現，這個世界真的有純粹的壞人，無需理由就仇恨別人，真的有沒見識的人，僅憑一點私人的體驗就敢把話說得言之鑿鑿。明白了這些，你在網路上遇到什麼樣的人都不會覺得奇怪了，你更不會浪費時間、精力去跟一個陌生人撕扯半天。

你站在了主管的高度總攬全域，你就會很清楚：他為什麼要這麼安排，要注意什麼重點，要承擔多大的風險，要準備哪些備案，要付出多大努力，以及能得到什麼回報。

否則的話，你只能糾結於：「今天又要加班，憑什麼呀」、「剛才那個同事翻了我一個白眼，是什麼意思呢」、「主管否決了我的提案，是公報私仇嗎」、「那兩個人走得那麼近，是不是辦公室戀情」……

一個人能走多遠，很大程度上取決於你看多遠。看見，才有可能抵達；知道，才會去想辦法。

見識打開了，你就能透過表象看到本質。

就像我們說蒼蠅是害蟲，說青蛙是人類的朋友。可實際上呢，青蛙才不會在意我們人類怎麼想，牠並不是為了做人類的朋友才去吃蒼蠅的，那不過是牠的本能而已。

見識打開了，你對未知的恐懼就會大大降低。

就好比說，自從富蘭克林弄清楚雷電的原理之後，電閃雷鳴的次數並沒有減少，聲音也沒有變小，但人類沒有像以前那麼畏懼雷電了。

03

很多人以為的認知是：「這本書裡寫的每個字，我都認識；那位前輩講的每句話，我都聽得懂。沒有一本專業書籍是我看不懂的；高手和大咖們寫的文章、發表的演講，也沒有我看不透的。」

然後呢？

怎麼跟自己的客戶溝通？不知道。

怎麼跟親近的人相處融洽？不知道。

怎麼寫出高水準的提案？不知道。

為什麼別人進步那麼明顯？不知道。

為什麼別人的預判那麼準？不知道。

為什麼他會那麼做？不知道。

很多人以為多看看新聞就能增長見識，多讀書就能提高認知，多珍藏就能找到方法。於是，很多人喜歡滑新聞影片，喜歡勵志語錄，喜歡立flag，喜歡各種生活指南。

然後呢？看新聞只是在打發時間，語錄只是為了發動態，flag只是給自己打雞血，學習方法只是放在我的最愛裡長灰塵。

很多人炫耀說，「我會彈多少首曲子」、「我能把GRE[7]單字全背起來」、「我

7由私立美國教育考試服務中心主辦的標準化研究生入學考試，用以測驗大學畢業生的知識技能。

今年讀了三百多本書」、「我考的證照有這麼厚一疊」。

然後呢？你還是彈不出風格，還是理解不了趨勢，還是賺不到錢。

你呀，只是把雜亂無章的網路資訊當成了知識，把漫無目的的課外閱讀當成了思考，把我的珍藏裡生灰的連結當成了掌握。

這恰好也解釋了「為什麼聽了那麼多道理卻依然過不好這一生」，因為你只是聽了，卻並不懂。

就好比說，你可以輕易地讀完一本空氣動力學方面的著作，但你一輩子都造不出航空引擎。

試問一下，你要是真的懂了，怎麼會允許自己拖延成疾？怎麼會允許自己心存僥倖？怎麼會允許自己有錢不賺？

04

有個專業名詞叫「功能性文盲」，大致是說，人到了一定的年齡或者到了一定的地位之後，就很難接受新觀念，他讀的所有書籍、看的新聞都是為了印證自己的觀念，不管看到什麼，他都想提醒別人：「你看，果然不出所料。」如果看到的觀念跟他的意見相左，就會被他視為異端。

這跟一位地質學家的觀點不謀而合：「我們通常使用老觀念在新地方發現石油，也用新觀念在老地方發現石油，但我們很少用老觀念在老地方發現石油。過去有幾次，我們以為是石油耗盡了，而實際上是觀念耗盡了。」

人一旦認定了某件事就會變得狹隘，而一旦變得狹隘就會充滿偏見。

比如說，某人深陷在騙局裡，外人一眼就知道是騙子，但他卻固執地認為「真的能賺錢」或者「我們是真愛」，任憑旁人怎麼勸說，他很難聽進去，甚至認為你是不懷好意。

又比如說，你苦口婆心地地勸一個年輕人多學點東西，多增長見識，他卻認為學習沒有用，遇到事情還是得靠錢、靠關係、靠運氣。他偏執地認為：大學畢業生賺的錢還不如小學沒畢業的人賺得多，品學兼優的人遠不如長得好看的人嫁得好……他衡量標準就只是金錢和相貌，卻無視了個人興趣的價值、工作機會的選擇、自身潛力的挖掘、精神趣味的般配等。

如果你不想越活越狹隘，那就需要打開自己，把對這個世界的好奇當成「武器」，去對抗自己的偏見，去打敗自己的惰性，去糾正自己的僥倖心理。

唯有你腦子裡儲存的東西足夠多，看到的世界足夠廣闊，認知足夠深刻，你才能和這個乾巴巴的世界碰撞出精彩絕倫的火花。你的觀念才會越來越豐富，你的看法才會越來越包容，你的姿態才會越來越謙遜。你才不會活成井底之蛙，才會慢慢變得通透起來，才會讓你的人生進入良性的循環。

你就會很清楚：這件事值不值得放手一搏？在什麼時候傾其所有？以多大的決心硬碰到底？能做到何種高度？未來的發展趨勢如何？為了做成一件事，要花多少錢？要多少人？要組一個什麼樣的團隊？要選擇一個什麼樣的合作夥伴？

換句話說，你對一件事情的認知，就是你在這件事情上的競爭力。

讀書、學習、旅行、思考的意義就是，讓我們更寬容地理解這個世界的複雜，想得更清楚，看得更遠，活得更有底氣；讓我們不斷地跟自己的陰暗、狹隘、自私過招，挑戰自己原來堅信不疑的東西，擊碎自己總是猶豫不決的東西，打消自己不切實際的東西。

所以，你覺得大學四年畢業了，就能靠大學裡的那點知識混一輩子了？

你覺得看了幾本商管書，就能把行銷、推廣、銷售做好了？

你覺得聽了幾天管理課，就能把公司管理做得井井有條了？

你覺得天天滑社交媒體，就能把賺錢的技能和認知學到了？

怎麼可能？

怕就怕，包治百病的藥，你勸長輩們別信；但零基礎月入百萬的課，你卻很當真。

怕就怕，你潛意識裡認定了「有錢就是成功，高學歷就是有才華，住別墅、開豪車的就是活得很好，頭銜多的就是專家或者高手」，那麼那些假專家、假學者、假大師就會層出不窮，他們會搞來一堆花俏的理論、一堆顯赫的頭銜，然後坐在租來的勞斯萊斯裡為你指點人生，順便再露一下他價值百萬的百達翡麗。

事實上，這些教你賺錢的，就是想賺你錢的。畢竟啊，你的脖子都蹭到人家鐮刀口上去了，就別怪人家割你的韭菜。

悲哀的是，韭菜到老都不明白，割它的鐮刀，與對它悉心耕耘的人有什麼相干；豬到死也不明白，宰牠的人，和給牠一日三餐的人是什麼關係。

05

關於認知，最後還要提兩個醒：

一、變狹隘是特別簡單的事，只要封閉自己就行了，但要想提高認知卻很難。

比如當你慢慢喜歡某位「老師」的和顏悅色與諄諄教誨，然後就發現他的金玉良言突然變成了「雙十一限時特惠一九九九」的課程。

比如當你心血來潮地想啃一本專業書籍的時候，竟然發現，要嘛是書無從下口，要嘛是你容易打瞌睡。

二、提高認知不全是好事，尤其是當你的見識打開了，但本事跟不上的時候。

你知道的多了，思考的深了，你就有了一種不能被周圍人理解的痛苦。就像《平凡的世界》[8]裡寫的那樣：「誰叫你讀了這麼多書，又知道了雙水村以外還有個大世界。如果從小你就在這個天地裡日出而作，日落而息，那你現在就會和眾鄉親抱同一理想：經過幾年的辛勞，像大哥一樣娶個滿意的老婆，生個胖兒子，加上你的體魄，會成為一名出色的莊稼人。」

8 中國作家路遙創作的長篇小說，以虛構的地名黃原地區原西縣為故事背景，分一、二、三部。於一九九一年獲頒第三屆茅盾文學獎。

2 缺失的死亡教育：活著之所以很有意思，是因為人都會死

Q：既然早晚都會死，那為什麼要那麼努力地活著？

01

我永遠忘不了那通電話，是陳先生打來的。一個三十多歲的男人在電話裡泣不成聲，我問了好幾遍「到底發生了什麼事」，他花了好大力氣才擠出四個字：「我媽走了。」

我在電話裡聽他哭了足足十分鐘，我全程難過得連「節哀」兩個字都不敢說，我想到的是「這個人永遠都見不到他媽媽了」。

等他從巨大的悲哀中緩過來，當他告訴我打這通電話的「目的」時，我瞬間淚崩了，他說：「我希望你能記住她，我打電話給每一個見過我媽的人了，我希望你們能記

住她。」

後來，他又提了幾個細節，讓我忍不住哭了好幾次。

他說經過媽媽家的老房子時，孩子問他：「奶奶呢？奶奶去哪了？」

他憋著眼淚說：「奶奶去很遠的地方旅行了。」

孩子追問了一句：「不會回來了嗎？」

他哽咽了起來，因為實在講不出那句：「是的，奶奶不會回來了。」

吃飯的時候，他剛擺放完碗筷，孩子就指著碗筷說：「這是爸爸的，這是媽媽的，這是我的，奶奶的呢？奶奶沒有嗎？」

他的鼻子又酸了，卻怎麼也講不出那句：「是的，奶奶再也不會陪我們吃飯了。」

過了好幾天，我傳了一句話給他：「她只是提前去為你布置下一世的家了，就像這一世她先來一樣。」

沒有一個親人的離世，我們能用「節哀」兩個字安慰得了，且不說那個人是因為天災或意外，即使是得病或自然地老去，只要是我們愛的人，那種痛、那種遺憾、那種無可奈何都不會減少半分。

因為我們，無法挽留，無法營救，無法努力。

那麼，除了接受「再也不見不到」的殘酷事實，我們活著的人還能做什麼呢？

首先，你可以任由自己悲傷一陣子，你可以一個人默默想念，可以睹物思人，可以感慨物是人非，也可以趴在某某的肩膀上痛哭流淚。

然後，你要把悲傷從臉上擦掉，帶著那個人對自己的期待和愛，繼續熱烈地、燦爛地活下去，要活得更有骨氣，更有人情味，更有精氣神，更有目標，更有動力，更有樂趣……這才算是對那個人最好的交代。因為除了好好活著，我們對這場生離死別，真的沒有還手之力。

再然後，好好記住他們。死亡只能結束一個人的生命，並沒有結束你和他們的關係。只要你對他們的思念還在，那麼他們就永遠活在這個世界上。

如果有一天，你發現他們好久沒有來到你的夢裡，那就代表他們在那邊「一切都好」。

如果他們來到了你的夢裡，那就代表他們想知道你「近來可好」。

哦，對了。親人離世之後，通訊軟體的好友千萬別刪，有了喜事之時，還能通知一下。

02

特別喜歡一本名叫《也許死亡就像變成一隻蝴蝶》的繪本。

小克里斯欽問爺爺：「你知道你什麼時候會死嗎？」

爺爺說：「不知道。」

他問：「連奶奶也不知道？」

爺爺說：「是的，誰都不知道。」

克里斯欽突然說：「我想知道我什麼時候會死。」

爺爺問：「為什麼呀？」

他說：「這樣我就可以在死之前做很多想做的事，比如和全家人一起去海灘，跟你一起坐飛機，還有養一隻狗狗。」

爺爺說：「為什麼非要等快死的時候呢？這些事情現在也可以做啊。」

克里斯欽恍然大悟：「對耶。」

人生不過三萬天，扣掉年少無知和老年癡呆，滿打滿算也不過七千天，再扣掉睡覺的、恍神的、拍照五分鐘修圖兩小時的、閒得滑短影片的、失戀拿腦袋撞牆的、跟朋友大吃大喝的、跟同事明爭暗鬥的、跟小人惱羞成怒的、跟陌生人針鋒相對的……人真正清醒的時間，大概不到一千天。

如果一個人不學習，不長見識，不儲存有趣的經歷，不參與競爭，不承受壓力，不

承擔責任，不去愛，那麼就算長命百歲也不過是把無聊和庸俗無限延長罷了。

貪生也好，怕死也罷，都是人之常情，但在死亡面前，真的是人人平等。無論你是國王還是車夫，是巨富還是乞丐，你的地位、金錢、名利、聲譽都無法改變「你終有一死」的事實。

生老病死是人生中再正常不過的事情，面對和接受死亡則是每個人的人生必修課。然而現實中，我們似乎都很有默契地在遮掩「死亡」這件事，小心謹慎和避而不談似乎是約定俗成。

比如親人重病住院，在彌留之際都會強調一句「不要讓小孩子進來」。比如在災難現場或者遺體告別式上，也都會刻意地說「別讓小孩子看到」。又比如在茶餘飯後也忌諱談死，都認為「那不吉利」。

以至於當小孩子問：「什麼是死啊？」

有的家長說：「就是睡著了，並且永遠不會醒來。」這個回答嚇得很多小朋友不敢睡覺。

有的家長說：「就是去天上，而且再也不能回到地面上來。」這個回答嚇得很多小朋友不敢坐飛機。

還有的家長說：「就是永遠地離開，再也見不到了。」這個回答嚇得小朋友總是莫名其妙地突然抱住媽媽，還流著眼淚央求道：「不要離開我。」

我們本能地用遺忘、用忽略、用隱瞞來抵消對死亡的恐懼，就好像只要不提它，它就永遠不會發生似的，這跟掩耳盜鈴有什麼區別？

03

想起一個男生的私訊，他傳給我的第一句話是：「老楊，我不想活了。」然後又傳了幾張站在屋頂的照片，我趕緊勸他別做傻事，然後陪他聊了好久。但聊完之後我才意識到，他不是真的想死，他只是不想那樣活著。

他說：「我不知道每天去工作有什麼意義，那個又肥又醜的主管天天針對我；我想不通我曾經那麼努力讀書、工作，究竟是為了什麼？難道就為了在一個沒有前途的職位上受人折磨嗎？」

他說：「我們全家人的希望都放在我身上，但我卻不知道我的希望在哪裡。所以現在的我，即使沒有希望，也得抱著希望；即使沒有野心，也得野心勃勃。」

他說：「我感覺我的人生卡住了，卡在『很想努力，但不知道從何做起；想躺平，但又沒資格躺平』的狀態裡。」

最後，他拋出了他的人生困惑：「既然我們最終都會死去，那活著還有什麼意義呢？」

我回答道：「你想像一下，你的面前擺著一塊蛋糕，是你最愛的人為你挑選的，是你最喜歡的口味。你會因為它最終會被吃掉，就覺得它的存在毫無意義嗎？你不會，因為你感受到了『被愛』，因為你得到了『享受』，因為它愉悅了你的『體驗』。這跟活著是同一個道理，我們不能因為一樣美好的東西最終會消失就認為它的存在毫無意義。我們確實是會死，但不妨礙我們去體會，去親歷，去感受，體會愛與被愛，親歷高峰和低潮，感受得到和失去。」

當你感到焦慮、迷茫、左右為難的時候，當你受困於人際關係、被雞毛蒜皮糾纏或者感到壓力巨大的時候，你就提醒自己：

我早晚是會死的，到那時，這個星球上就再也沒有我存在過的痕跡。

我管他什麼面子、裡子，什麼名利、地位，統統不重要了。

我開心更重要，我心裡舒服更重要，我變成了更好的自己更重要，我得到了全新的體驗更重要，我全力以赴過更重要……

一個善意的提醒：如果你沒有按照你真正想要的那種方式去生活，你的靈魂每天都會喊痛。

賈伯斯曾在演講中說過：「死亡是生命最偉大的發明。所有外界的期望，所有的驕傲，所有對於困窘和失敗的恐懼，都會在死亡面前煙消雲散。我們本來就是一無所有，沒有理由不去追隨內心。」

如果你總是能夠清醒地意識到「我是會死的，我只有一個一生，我只有這輩子」，你就會選擇你覺得重要的東西，就會做你真正喜歡的事情。

你對生活的態度就會從「我要在意、我想控制、我必須擁有」，轉變為「我要欣賞日常生活中的細小快樂，我要珍惜親密關係裡的細微感動」。

你就會好好愛自己、愛生活、愛家人；你就會少計較、少抱怨、少指責；你就會活得更積極、更樂觀、更平和；你在困難面前就會有信心、有愛心、有決心。

你就會明白說服別人純屬浪費生命，討好別人純屬浪費表情，在三更半夜憂心忡忡純屬矯情。

你就不會對他人提出過多的要求，而是想著「怎麼愉快地跟他們同行一程」。

你就不再過度地尋求財富和權力，而是想著「怎麼最大限度地實現個人價值」或者「怎麼最大限度地讓自己活得開心」。

你就不會慷慨地把時間贈予你根本不愛的那個人，也不會慷慨地把時間浪費在你根本就不喜歡的那種生活上。

切記，這世界只是你的遊樂場，不妨再大膽一點，再盡興一點，別浪費了這張門票。

04

我們對死亡的思考，其實可以歸結為：我們該如何度過這一生？

周國平先生給了近乎完美的答案：「我一生都在為人生最後的六十秒做準備，以求在這個時辰心情是充實的、平靜的、安詳的。我的心情是充實的，因為我的記憶裡積澱了此生所有美好的經歷和動人的愛，我將帶著豐富的寶藏去往另一個世界；我的心情是平靜的，因為我一直做著我喜歡的工作，工作是永遠做不完的，現在下班的時間到了，我就像平時每天下班那樣，輕鬆地回家；我的心情是安詳的，因為我早就知道這個時辰必定會到來，我在心中把它默想了無數遍，對它已經很熟悉了，我要對愛我的人說，請你們放心吧。」

是的，對死亡最好的準備就是在此時此刻用心去過上充實的生活。

為什麼非要等到痛苦不期而至、衰老如期而至、死亡不可避免的時候，你才開始熱愛周圍的一切，才開始自律、惜命、惜緣？

為什麼非要等一切都塵埃落定了才開始思考怎樣去活得有趣？才開始想著要遵從自

己的意願活著？

我們都知道「人生不過幾十年」，但誰都不知道「人生還剩多少年」。所以，我們要格外珍惜還能活蹦亂跳、還能想念的每一天。當我們能夠坦誠地、清醒地、單純地活在此時此刻，那麼活著就是一件賞心樂事。

你只有活得精彩，才能死得無憾；你只有活得痛快，才能死得坦然。如果有一天，我們不得不離開這個世界，希望我們每個人都曾經好好活過，認真努力過，真心去愛過，盡興地體驗過。

沒有充分活過的人最害怕死亡，就像虛度了一天的人最不想入睡。

關於活著這件事，死亡是最好的老師。

死亡讓我們知道自己的時間有限，讓我們不再沉溺於一時成敗和輸贏，不再受制於世俗觀念和他人眼光，不再活在金錢和名利裡，而是要用自己喜歡的方式，做自己喜歡的事情，陪自己喜歡的人，過自己喜歡的生活，把這不得不過完的一生變成值得慶賀的一生。

如果你咬定了人只活一次，你就沒理由去隨波逐流，就不應該混吃等死，就不會再為面子消耗時間，就不會揪心於某個人拐彎抹角的言語，不會在「有怨不敢言」的漩渦裡自我拉扯，不會費心思去分析他人對自己的看法，更不會浪費時間在網路上跟陌生人吵個沒完，你就捨不得讓這短暫的一生是醜陋的。

如果你持續地意識到自己終有一死，你就會只做對自己真正重要的事。你會焦慮，會認真思考十八歲應該讀什麼樣的書，二十五歲應該找怎樣的工作，三十歲要不要結婚，如何度過中年危機，以及如何安度晚年……

我們活著是為了不辜負來這世上走一遭，是為了享受生活，而不是為了等死。就像我們吃飯，是為了提供身體養分，是為了享受美食，而不是為了拉屎。

人生最大的意義，就是不枉此生。

所以，真的沒必要懼怕死亡，你該怕的是「從未活過」。

最好的生死觀是：我的生命結束在哪一天，我都是可以接受的，但前提是，我沒有辜負現在的每一天。

05

好好活著，敬這必死無疑的一生。

最後再聊一個沉重的話題：是選擇好死？還是選擇賴活著？

有個醫生講了一件「非常普通的事」，之所以說它「普通」，是因為這樣的事每天都在醫院裡發生著。

說有一位八十幾歲的老人，因為腦出血入院，情況非常危急，老人的家屬叮囑醫生：「不管付出多大的代價，一定要讓他活著！」

經過四個小時的全力搶救，老人活了下來。代價是，老人的氣管被切開了，喉嚨被打了一個洞，用一根粗長的管子連向呼吸器……

老人偶爾也會清醒過來，但也只能痛苦地眨眨眼睛，沒多久再次昏睡過去。

即便如此，老人的家屬也顯得格外激動，再三地感激醫生：「謝謝你救了他的命。」

家屬輪流陪護著老人，目不轉睛地盯著生理監視器上的數字，每看到一點變化就會立即跑去找醫生。但老人的情況越來越糟糕，醫生參與救治也越來越頻繁，扎針、插管也越來越多。

醫生再次詢問家屬：「老先生真的沒救了，是拖下去，還是放棄？」

家屬們斬釘截鐵地說：「堅持到底！」

十天之後，老人去世了。他渾身都是針孔和插管，他面部浮腫，早就不是來時的模樣。

醫生說他理解世人的孝心，但還是悲憤地問：「如果老人能夠表達，他願意用這樣的方式多活這十天嗎？花那麼多錢，受那麼多罪，難道就是為了插滿管子死在ＩＣＵ病

房嗎？讓一個人這麼痛苦地多活十天，就證明我們很愛很愛他嗎？我們的愛，就這樣膚淺嗎？」

這讓我想到了作家瓊瑤，她專為自己的死寫了一封公開信給家人——〈預約自己的美好告別〉。她特意解釋了寫這封信的目的是：「生怕你們對我的愛，成為我自然死亡的最大阻力」。於是她鄭重地叮囑家人：「無論生了什麼重病，不動大手術，讓我死得快最重要；不要把我送進加護病房；無論什麼情況下，絕對不能插鼻胃管；無論什麼情況，都不能在我身上插各種維生的管子。」

最好還強調：「幫助我沒有痛苦地死去，比千方百計讓我痛苦地活著，意義重大。讓我變成求生不得、求死不能的臥床老人，那才是你們的大不孝。」

是的，與其耗盡財力讓病人在重症監護病房裡受盡折磨，直至耗光他所剩無幾的生命，不如抽出時間陪他度過最後時刻，帶他去他想去的地方，聽他談他的人生，記錄他的故事，幫他彌補人生的遺憾，以及肯定他過去的成就……如此一來，他的離世就像是經過了漫長的一天之後，終於可以上床休息了。

不要讓你最愛的那個人最後的結局是「不得好死」——在奄奄一息的病人身上東開一刀、西開一刀，在他身上插滿各種各樣的管子，以此來維持生命，這是連懲罰窮凶極惡的壞人時都不會採取的手段。

3 你不知道你不知道：傲慢來自偏見，偏見來自無知

Q：為什麼你很少看到勞斯萊斯的廣告？

01

有人去買牛肉：「老闆，牛肉怎麼賣？」

老闆說：「一斤一百五十元，三斤五百元。」

這人心想：「這數學是體育老師教的吧。」於是他花了一百五十元買一斤，連買了三次。然後對老闆說：「你看，我花了四百五十元就能買三斤，你的定價訂錯了。」

老闆笑了笑說：「自從我這樣訂價之後，經常有人像你這樣，分三次買三斤。」

街上一直有人在傳，說有個傻子不認得錢。於是好多人去圍觀他，拿出五塊的和五十塊擺在他面前，問他要哪一個？他只挑五塊的，大家笑他真傻，一傳十、十傳百，來逗他的人越來越多。

傻子的爸爸忍不住問：「別人給你錢，你為什麼不選五十塊的呢？」

傻子回答：「如果選了五十塊的，以後誰還拿錢來逗我？」

有個平時不怎麼喝酒的人，每次感覺要醉了，就有意去做一些心算題目，比如兩位數的乘除法或者五位數的加減法，以此來檢測自己大腦的運轉速度是不是下降了。他先是心算出一個結果，然後拿出計算器進行對比，測試的正確率高達九十九％，這讓他對自己的酒量深信不疑。

直到有一天，他又拿出了計算機，旁邊的人開口了：「你喝醉了吧？」

他愣住了：「我的心算全都對了，你看看，你為什麼說我醉了？」

那人說：「因為你在計算機上按數字，六個數字，你足足花了十分鐘。」

一個卡了的ＣＰＵ是意識不到自己卡的，一個犯傻的人也意識不到自己傻。

知道自己的傻，你可以去改正；知道自己不懂，你就可以去學習。最可怕的是，你不知道自己不知道。

02

你不知道你不知道，所以才會那麼驕傲。

作家韓寒寫過一篇文章，名叫〈我也曾對這種力量一無所知〉。說他喜歡踢足球，曾在校隊裡踢得風生水起，還自詡「護球像梅西，射門像比利」，然而就在他二十歲那年，他與上海各高中校隊的優秀隊員組成的球隊，被一支職業球隊的兒童預備隊（相當於小學五年級）踢進了二十個球，他們進了零個。

他喜歡打撞球，曾在各個圈子裡打敗了很多人，還被人稱作「賽車場丁俊暉[9]」和「新城區奧沙利文[10]」，有一次跟世界冠軍潘曉婷打球，他本以為就算實力有差距，但憑藉心態和運氣還是有一線機會的。然而他開球之後，潘曉婷就一桿清臺了。因為他們擬定的規則是：「輸的人開球」。於是整個晚上，韓寒就只在做一件事情：開球。

這就是業餘對專業的無知，是個人愛好對職業的無知，是「覺得自己滿厲害」對「真厲害」的無知。

類似的還有：有個小夥子，每次看家鄉球隊比賽就發脾氣，罵他們踢得爛，大聲喊「我上去比你們強多了」。後來，他真的去找俱樂部，還信誓旦旦地說要振興家鄉足球。俱樂部的保全好說歹說，他都不聽勸。後來，來了一位五十多歲的老教練。老教練

9 中國江蘇宜興人，職業司諾克選手，為司諾克史上的最成功亞洲選手。
10 羅尼．安東尼奧．奧沙利文（Ronnie Antonio O'Sullivan），英國職業司諾克選手，衛冕世界冠軍，目前世界排名第一。

對小夥子說：「你要是能過掉我，我就讓你進去。」

一個小時後，小夥子灰溜溜地走了。

還有一個年輕人，在一個潛水區遇到了一位救生員。年輕人一臉不服氣，因為他從小在海邊長大，覺得自己游泳很厲害，就非要找救生員比一比。於是兩人約定：「將五公斤的啞鈴放在水下五公尺、距離這裡五十公尺的地方，我們游過去撈起啞鈴，再扛著啞鈴游回來，看誰用時短。」

年輕人「噗通」就跳下去了，等他游回來的時候，發現救生員早就坐在岸邊休息了。

年輕人喘著粗氣問：「你覺得你們專業的，和我們業餘的，差在哪裡呢？」

救生員笑著說：「專業的在下水之前會脫衣服。」

一個行業裡，能做到極致意味著九十九分，而頂尖高手是九十分，優秀是八十分，但是大多數人會以為自己得了十分就是滿分了。

人性就是這樣：你知道的越多，越感覺自己無能為力；你知道的越少，越覺得自己無所不能。

對自己擅長的領域有了深入的瞭解，你做事會感到棘手，會隱隱覺得自己不行；而對自己不擅長的領域，你只是知道皮毛，反倒覺得自己能夠勝任。

難怪巴菲特會警醒世人：「一定要認清你的能力範圍，並且待在裡面，這個範圍有多大並不重要，重要的是，你得知道這個邊界在哪裡。」

美國企業家查理．蒙格也有過相似的提醒：「你必須找到你的才能在哪裡，如果你總想在才華之外的地方碰運氣，那麼可以肯定，你的職業生涯會非常糟糕。」

業餘與專業的差別主要有兩點。

一是在表現上：專業的知道自己有哪些不足，所以遇人遇事總是心存敬畏；而業餘的總覺得自己哪裡都好，所以誰都不服。

二是在追求上：業餘的會一直練習，直到正確為止；而專業的會一直練習，直到不會出錯為止。

事實上，每個行業裡，真正專業的力量是外行無法理解的。

怕就怕，你打過幾場社區羽毛球比賽，就覺得自己可以挑戰奧運冠軍；踢了幾場公司舉辦的足球賽，就覺得自己公司的球隊就可以打敗國家隊；在校門口擺過小攤販，就覺得自己洞察了零售行業；有一兩道拿手菜，就覺得自己可以開連鎖餐廳；看到別人做自媒體，就覺得「拍影片誰不會啊」。

人之所以言之鑿鑿，是因為知之甚少。就像在爛泥塘裡打滾久了的人，會以為爛泥塘就是全宇宙。

03

你不知道你不知道，所以才會胡說八道。

有個男生，一畢業就進了一家世界五百強企業。當時他被錄用的真實原因是，他的研究課題和公司當時想做的一個專案的瓶頸有關。但等他正式入職時，這個專案已經停了。

但男生並不知道，所以每次被學校請回去為學弟學妹做演講時，他在講臺上高談闊論，把自己被大公司錄取的原因歸結為自己對商務方面的知識儲備充分、善於英語談判以及出色的寫作能力，反正跟他被錄取的真正原因毫不沾邊。

類似的還有這樣的偏見：「女生讀那麼多書有什麼用？女博士是交不到男朋友的」、「讀大學有什麼用呢？比爾．蓋茲和賈伯斯不是都沒念完大學嗎？」

不是這樣的。談不了戀愛、嫁不進豪門，有很大的機率是因為長得不出眾、性格不好、眼光太高、性格偏執，還沒遇到並不是因為「她是博士」。

有些人讀大學之所沒有用，是因為他不是在讀大學，而是在混大學。而那些大咖之所以沒讀完大學也很出色，是因為他們在某個領域有一技之長，在某個賽道上頗具遠見，他們把心思都用在了這一技之長上，並不是因為「沒讀大學」。

當一種謬論變成了普遍的事，駁斥反倒更像是強詞奪理。

有個網路現象被稱作「傻子共振」。網路的快速發展，本來是可以讓井底之蛙們看到井口之外的世界，可惜的是，大量的井底之蛙透過網路形成了一種共識，它們一致認為世界只有井口那麼大。誰說井口之外還有天地，誰就是胡說八道。

再加上網路各種演算法的推波助瀾，你喜歡什麼、按什麼讚、相信什麼，它就推送什麼給你。於是，你的認知越來越固化，視野越來越狹窄。

一個人走運還是倒楣，一件事順利還是曲折，原因往往很複雜，我們只能看到我們有能力看到的，只能理解我們有能力理解的，但都是以管窺天罷了。

就好比說，為什麼襪子總是少一隻？因為襪子不見兩隻的時候，你根本就不知道。為什麼老東西總是壞不了？因為壞了的老東西早就被你扔了。

怕就怕，被一個人欺負過，就覺得外面都是惡霸；被一個人騙過，就覺得人人都是騙子。

昨天吃了一隻雞，今天你感冒了，你就說是因為吃雞導致你感冒的。

坐電梯的時候做了三個深蹲，然後你就到頂樓了，你就說是因為你做了深蹲，電梯才到頂樓的。

人性的醜陋之處就在於：但凡自己是因為運氣而成功的，就會說成功是自己奮鬥得來的；但凡自己是因為能力不足而失敗的，就會說失敗是因為運氣不佳；但凡是自己願意聽的消息，就會被自己敏銳地捕捉到；但凡是自己反對的消息，就會被自己「巧妙地」忽略掉，從而讓自己越來越堅定：「我的觀點依然成立，我的解釋仍然可信。」

你認定了班上那個長得好看的女生是那種不乾淨的人，那麼在你看來，她說話的聲音就難免輕浮，她的談吐就難免庸俗，和她打交道的人就難免道德敗壞。

你認定了「評選名單」有問題，那麼就算把評比的規則、標準、資料統統擺在你面前，你還是會覺得「這裡面肯定有貓膩」。

你發自內心地反感某個人，那麼就算他天天做慈善，你聽到他的名字依然會覺得難受，甚至連他喜歡的汽車品牌和衣服風格都一起討厭了，甚至連有一個共同喜好的明星都覺得是一種恥辱。

你認定了自己的減肥方法是科學的，一旦發現自己比昨天輕了，就會得意地歸功於少吃了一塊肉、少喝了一杯飲料、多走了一公里以及某某減肥食品管用、某個減肥食譜奏效等。但如果是體重增加了，你就會安慰自己說：「哪有那麼容易減下來的。」

所以，要堅定地認為自己的想法是對的，同時也要堅定地認為自己肯定會有錯的時候。

04

你不知道你不知道，所以才會大言不慚。

你生活在城市，你會用電梯，會用電腦，知道從哪裡進超市，在哪裡結帳。

但有人生活在山村，他可能沒見過，也沒用過你說的這些。但他分得清茄子樹和辣椒樹，知道五穀雜糧怎麼做才好吃，知道刺蝟和黃鼠狼躲在哪裡……而這些事，你不知道，也沒見過。

你喜歡看漫畫，你知道很多漫畫家，知道他們的成名作和繪畫風格，這些事可能別人不知道。

但他喜歡汽車，他認得出馬路上每一輛車的車標，甚至還知道汽車的發動原理。而你可能分不清賓利和mini。

不要因為自己懂一點別人不懂的，見過一些別人沒見過的，就覺得自己比別人厲害。

自己懂但別人不懂的，要帶著善意去提醒；自己不懂但別人懂的，要帶著善意去請教。

柯比不會嘲笑你三分投不進，奧運冠軍劉翔不會嫌棄你百米跑不快，菲爾普斯不會看不起你狗爬式的泳姿。因為你們不是同一個水準，他們可能會耐心地教你投籃姿勢，會細心地教授跑步技巧，為你講述換氣方法，但絕對不會看輕你，更不會在你面前彰顯優越感。

如果一個人遠強於另一個人，是不會將他作為對手的，也不會過多地關注他，更不會因為他產生情緒上的波瀾。

事實上，相互嫌棄是因為相差無幾。如果你覺得身邊的某人太蠢，那只能說明你和他的差距不大，而你還沒有意識到而已。

成熟是一個過程。當你見識少的時候，你只看到世界的美好，卻不知道它還有糟糕的一面。或者你只看到世界的糟糕，卻忽略了它的美好。

但是，當你見識多了，你就可以越過鳥語花香，看到世界的醜惡和人性的奸邪；又超越不公平和不完美，看到人間的溫暖和人性的純善。

你就會明白，這個世界不是非黑即白。很多時候，在A和B的選項之外，還有C、D和E、F；很多事情，在「不是你贏，就是我輸」和「不是我贏，就是你輸」之外，還有共贏和雙輸。

怕就怕，你一遇到理解不了事和溝通不了的人，第一反應就是否定、排斥、挑毛病，這相當於自己在「主動選擇成為弱者」。因為你的眼睛、腦子看不到別人這麼做的好處是什麼，你的嘴又拒絕去請教，那你就不可能從別人那裡學到東西，你就會習慣性地孤芳自賞，就會活在偏見中。

久而久之，你就只能停在已有的那點本事和見識上，落後或被淘汰是早晚的事。

成熟意味著能看到人與人之間的差異，但又明白「這種差異並不重要」；能察覺出「我這種活法」和「他那種活法」的不同，但又明白「這些不同是正常的」。

既然彼此存在著不同，那就一定存在著「無法溝通」。這時候，不用絞盡腦汁地找證據，也不用非說服不可。

對於溝通不了的人，閉嘴就好，遠離也行。他覺得他有理，你就讓他自認為自己合理；他覺得他贏了，你就讓他自認為自己勝利了。

畢竟，你沒有義務去教育一個傻子。

換個角度來說，當你發現自己在社交軟體上所向披靡，請你記得停下來想一下：「會不會是因為別人覺得我是個傻子，所以懶得理我？」

05

你不知道你不知道，所以才會大喊大叫。

有人向你求助：「我鍵盤上T和U中間的那個鍵壞了，你能幫我修一下嗎？」

你瞬間怒了：「你怎麼這麼矯情，就說是Y鍵壞了啊。」

對方提醒你：「你說，會不會是因為我打不出這個字母？」

很多人很容易忽略的一件事是：你以為的問題，很可能只是別人的解決方案。

比如說，A抽菸，你對他吼「抽菸有害健康」，但對他來說，抽菸只是他的解決方案。他可能正在面臨某個兩難的選擇，可能是他的情緒正處在高壓的狀態，他焦慮於某件事情的結果，對某個問題感到困惑或是無能為力。

B總是熬夜，你教訓他：「熬夜對身體的傷害有多大，你知道嗎？」但對他來說，熬夜可能是無奈之舉。或許是老闆還在等著他的修改方案，或許是喜歡誰但被拒絕了，又或許是家人生病了而他拿不出錢來。

C一個人在火車站附近住一個晚上五百元的簡陋旅館，你批評她：「太不安全了！」但對她來說，這是她能夠負擔得起的解決方案。

D喜歡蹺課，你兇他：「你這樣太過分了，對得起你的父母嗎？對得起你自己嗎？」但對他來說，蹺課很可能是他的解決方案。他可能受了欺負，可能是被冤枉了，可能是被排擠了。

當你發現別人出現某個問題的時候，不要急著指責他，而是要試著去瞭解他到底經歷了什麼，或者到底發生了什麼，試著去搞清楚他為什麼那麼做，以便確認這到底是

「他的問題」，還是「他應對其他問題的解決方案」。

尤其是在親密關係裡，當你發現別人情緒很好時，你要視作他在分享開心；而當你發現別人情緒不佳時，你要明白他是需要關心。

不懂得出題者的意圖，你永遠拿不到高分；不懂得客戶的需求，你永遠簽不成大單；不懂得伴侶的情緒，你永遠維繫不好一段關係。

而真正的「懂」，是放下自己心中已有的想法和判斷，一心一意地去體會他人的情緒和需求。

類似的問題還有：你的很多結論，很可能是弄反了因果。

比如你很少看到勞斯萊斯的廣告，不是它不打廣告，而是它打在了目標客戶出現的地方。你不是它的目標客戶，所以你很少看到。

不是游泳才身材好的，而是身材好的，才被選去游泳。

不是打籃球才長高的，而是長得高才被調去打籃球了。

不是用了某個品牌的化妝品，那個模特兒才那麼好看的，而是那個模特兒很好看，才被請去當模特兒了。

所以請你，少一些自作聰明，多一些謹言慎行；少一些言之鑿鑿，多一些深思熟慮。

當你以為世界是一顆種子時，其實世界是一個蘋果；你以為世界是一個蘋果時，其實世界是一棵蘋果樹；你以為世界是蘋果樹，但其實世界是無邊無際的果林……

這個世界有多少人，就有多少種毛病，可惜多數人治不好自己，只好去嘲笑別人。

4 人只能賺到自己認知範圍之內的錢：一夜暴富這種需求，通常只有騙子才能滿足

Q：假如你在三十歲之前突發了一筆橫財，你會怎麼做？

01

有一個熱門問題：為什麼我們總是錯過類似於網路投資、虛擬貨幣、房地產這樣的暴富機會呢？

一個高讚數的回答是：如果你真的有這種投資的實力，那麼你顯然還錯過了共享單車出租、網路借貸這種能讓你傾家蕩產，甚至是鋃鐺入獄的機會[11]。

認知不夠會造成兩種局面：一是「見利而不見害，見食而不見鉤」；二是「浪潮出

11 中國有富二代因創立共享單車出租事業失敗，最後入獄。

現時看不見，大勢已去時不甘心」。

還有一個好玩的問題：「假如你在三十歲之前突發了一筆橫財，該怎麼辦？」讚數最多的回答是：「放在銀行裡別動，存個定存，至少三年都別動。」

為什麼勸你「不動」？因為你的見識、能力、認知暫時是配不上這筆鉅款的，你要嘛將它揮霍一空，要嘛是虧損掉。

就像那個段子說的那樣：「你所賺的每一分錢，都是你對這個世界認知的變現。你所虧的每一分錢，都是你對這個世界認知有缺陷。你永遠賺不到超出你認知範圍之外的錢，除非你靠運氣，但是靠運氣賺到的錢，最後往往會由於實力不足而虧掉。這個世界最大的公平就在於：當一個人的認知不足以駕馭他所擁有的財富時，這個社會有一萬種方法收割你，直到你的財富和認知相配為止。」

財富是對認知的補償，不是對勤奮的獎賞。如果補習就能成績好，那麼加班就能發大財。怎麼可能呢？

02

在某所大學的課堂上，教授將同學分成若干小組，每個小組領一百五十元，要他們利用這一百五十元去賺盡可能多的錢。幾天之後，每個小組用三分鐘時間展示他們是怎麼賺錢的。

有的小組選擇了賣情報。他們發現某些熱門餐廳需要排長隊，於是他們提前預訂，然後出售給不想候位的顧客。

有的小組選擇了賣面子。他們在學校附近擺起了攤位，免費為同學的自行車測氣壓、打氣，然後請求同學捐款。

錢賺最多的小組賣的竟然是課堂上的「三分鐘展示」。因為他們所在的大學是名校，有很多公司都希望來這裡打招聘廣告。於是這個小組把課堂上的三分鐘展示賣了個天價。

為什麼別人想不到？

因為大多數人的認知都被那一百五十元限制了，總想著如何使用這一百五十元，所以看不到更多的可能性。

有兩兄弟，哥哥以做泡菜為生，他在一個偏遠的農村租了一塊地，專門種白菜，用來做泡菜。弟弟白天打工，晚上去求學，學的是冶金和地質。

幾年之後，弟弟學成歸來，就去村子裡看望哥哥。哥哥興奮地帶著弟弟去看他的菜園。弟弟習慣性地蹲下來查看地上的土壤，突然發現不對勁，於是他用水盆反覆漂洗，竟然在盆地發現了金閃閃的東西。

弟弟驚訝地說：「哥哥，你知道嗎，你在一座金礦上種植白菜。」

為什麼哥哥不知道？

因為他沒有辨識的能力。

有個文物專家去逛古玩市場，在一個路邊攤上看見了一個陶瓷杯，再三確認是真品。他就對路邊攤老闆說：「你這是皇帝用過的，價值千萬。」路邊攤老闆不信，還笑呵呵地說：「那我一萬賣給你，你敢買嗎？」文物專家馬上就付款了。

為什麼路邊攤老闆不信？

因為他的知識不夠，你說是真的，他很難相信。

03 人只能賺到自己認知範圍之內的錢。

我知道，談論詩和遠方很美好，淡泊名利和不缺錢的樣子很酷，關注遼闊的宇宙很浪漫，但身為普通人，要想在這個功利的世界裡活得更體面一點，就必須努力賺錢，去養自己，養家，養夢想，養愛好，養尊嚴和面子，養情懷和快樂……

這聽起來一點都不酷，但當你看到自己戶頭裡的餘額慢慢增加，看到自己距離想要的生活越來越近，看著自己能為所愛之人的健康和快樂買單，那麼你收穫的，是一天比一天更優秀、更自信的自己，是一年比一年更如意、更鬆弛的生活。

你會發現，錢是一個人的膽子，是一個家庭的底氣。

沒錢會讓人卑微到什麼程度呢？

大概是，但凡能用錢解決的問題，你不得不用比錢更寶貴的健康、生命、時間、尊嚴去解決。

所以我一再提醒大家：不要動不動就視金錢如糞土，而是要理直氣壯地愛錢，清清白白地賺錢，開開心心地花錢。

有錢的意義不在於肆意揮霍，而是你不用時時刻刻為了房貸、車貸而發愁，不用為了省錢去吃那些便宜但不衛生，甚至會讓你短命的外送，不用為了省錢而在喜歡的東西面前說「也就那樣吧」，不會因為沒錢而在喜歡的人面前打退堂鼓說「我配不上他」。

畢竟，熱水治不了百病，情話過不了一生，錢對於普通的你我來說，就是疲憊生活裡的解藥。

怕就怕，別人的「財富自由」是想怎麼花就怎麼花，而你的「財富自由」是「財富它自己特別愛自由，根本就不願意待在你的戶頭裡」。

怕就怕，你知道錢能解決你當下九十九%的問題，可你卻坐在工作崗位上，因為某個人不喜歡自己、某句話不中聽、某個觀點和自己衝突了，就乾耗著，白白浪費了賺錢的機會。

怕就怕，你明明很喜歡某個東西，你的心裡癢了好久，可當你問完價格發現貴得離譜時，卻只能表現出「我還是想買，但需要考慮考慮」的樣子，實際上你的心已經想好了坐哪條線的捷運回家。

金錢是熨斗，能把生活裡的皺褶熨平。如果你連賺錢都需要人哄著，那麼你活該不快樂。

金錢是水泥，可以加固我們的命運。以後你愛的人在醫院急用錢的時候，你總不能跟醫生說你很愛她吧？

切記，成年人的世界沒有避風港，你的餘額就是你的安全感。

04

很多人賺不到錢，有一個很重要的原因是：你對賺錢這件事充滿了敵意。

在你的認知裡，賺錢是一個損人利己的行為，是把錢從別人的錢包裡搬到自己的錢包裡，自己的錢包多一塊錢，別人的錢包就會少了一塊錢。

你過去的教育和經歷也總是提醒你，「金錢是萬惡之源」、「有錢人為富不仁」、「男人有錢就作怪」，所以你的潛意識會認為有錢人是不善良的，對金錢的渴望是不道德的。

所以你會用盡辦法去躲避與「賺錢」有關的一切，以確保自己的純良和乾淨。一旦你對金錢產生了敵意，你就會變得過分清高，你會故意壓制自己對金錢的欲望，會打消自己的工作積極性，會抑制自己向上爬的進取心，你甚至會討厭、反感那些有進取心、有欲望、有野心的人。

比如說，你喜歡一個知識型YouTuber，你訂閱他很久了，他做的每一支影片你都會按讚，但有一天，你看到他打廣告了，你就很失望，你覺得他變庸俗了，於是你取消訂閱了。

又比如說，你喜歡一個明星，你喜歡他的睿智，喜歡他的真誠，但有一天，你看到他去直播帶貨了，你就很失望，你覺得他的光輝形象坍塌了，於是你取消追蹤了。

我想提醒你的是，你的財富並不是因為奪取他人的財富而獲得的，你的銀行存款增加也不會導致別人的存款減少。賺錢的邏輯是：大家都是受益者。

所以你要堅信：自己賺錢是在幫助別人，是在為別人提供有價值的服務，是在讓別人的生活變得更美好。

當然了，肯定會有利益相互衝突的時候，這時候就需要「被討厭的勇氣」。因為把食物從老虎的嘴巴裡奪走，或者把肉從羊的身上奪走，還盼著老虎和羊都喜歡你，是不可能的。

還有很多人賺不到錢是因為賺錢的欲望不夠。

你說電商太low了，瞧不起，那是因為在你心裡，清高比賺錢更重要。

你說直播害羞，不好意思露臉，那是因為在你看來，面子比賺錢重要。

你說擺路邊攤太累，不想做，那是因為你覺得，舒服比賺錢重要。

既然什麼都比賺錢重要，那麼你當然賺不到錢。

那些真正想賺錢的人是不會挑三揀四的，別人覺得難為情、覺得辛苦的事情，他們都會硬著頭皮、厚著臉皮去做。

你看過網紅拍ＰＫ影片嗎？輸了要吃生雞蛋、喝辣椒水、灌烈酒……看著他們痛苦的表情，你是不是以為他們以後再也不會ＰＫ了？可你看他們，受完懲罰之後擦一把臉，然後大吼一聲：「再來！」

換作是你，你願意嗎？你可能會說：「如果我一晚上能賺成千上萬，我也願意。」

可誰是一開始就能賺那麼多呢？

所以，不要瞧不起「賺錢」這件事，不同的工作有不同的辛苦。小攤販老闆凌晨起床，就為了多賺幾塊錢；朝九晚五的國營企業員工做著重複的工作，不知什麼時候會結束；大廠工程師忍受著早九晚九、週休一日的加班，早已經心力交瘁；底層的小網紅要住地下室，還得維持表面的精緻……

也別再喊不公平了。同樣是普通出身，沒資金，沒人脈，沒背景，有的人天天滑著手機，到處嚷嚷說世界不公平，說好機會都被有錢人搶走了；但有的人則是一心做研究，或者認真學直播，或者努力拚實業，照樣能賺得盆滿缽滿。

事實上，當你特別想要得到一樣東西或者特別想做成一件事的時候，你的決心和努力就會變得完全不一樣，以前吃不了的苦，現在能吃了；以前不敢做的事，現在敢做了。至於清高、害羞、面子這些矯情的東西，都會讓道給「我想賺錢」。

03

有個年輕人，辭去了月薪兩萬八的工作，去夜市擺攤賣串燒。

讓他決心辭職的是一場同學會，他看到曾經連大學都沒考上的老同學開小吃店發了財，每天名錶、豪車，活得相當體面，而當年考上大學的他卻在一家不景氣的公司裡受著窩囊氣，他左思右想，也決心去租個攤位賣串燒。

他先去學習了如何醃製，如何燒烤，後來又像別人那樣使勁吆喝。他起早貪黑，忙活了大半年，但一算帳，發現虧了五萬多。

他去那個開小吃店的同學請教「發財的祕訣」，人家在喝了八瓶啤酒之後才說了實話：

「我家小吃店的位置好，人流量大，那可是我花重金求購的。」

「我老婆是做行銷的，她在各個短影片平臺下了很多廣告，效果不錯，但開銷也滿大的。」

「我一次購買的牛羊肉很多，可以壓低進貨價格，但儲存的成本也很高的。」

「我每天都在學習什麼東西賣得好，跟不同的人打交道，去不同的地方拜師，投入也很大的。」

「賣串燒絕不是把肉串烤熟就行了，還得有味道，這可是我獨家研製的祕方。」

很多人都有過類似的困惑：「為什麼和同齡人比起來，我做得最多，活得最累，卻賺得最少？」

因為你看到的只是表象，卻不知道別人在你看不到的地方吃了多少苦頭，在你不瞭解的領域付出了多大的心血，在你看不見的地方掌握了多少門道。

怕就怕，你總想著賺大錢、賺快錢，卻連五百元的小錢都賺不到，你連賺錢的門道都沒搞清楚。就好比說，還沒有學會走路，就想拿馬拉松冠軍，這不是做夢嗎？

這樣的你，不僅賺不到錢，可能還會賠錢。因為你會投資一堆完全不懂的項目，買一堆看起來高級的財經課，報名一堆根本就聽不懂的理財班，存一堆似懂非懂的情商理論，進一堆據說全是高手的大咖群組……

結果是，在這個最容易賺錢的年代，你成了最容易被賺走錢的人。

關於金錢，我希望你明白這五點：

一、你月薪三萬，人家月薪十萬，你們的差距不是三．三三三倍，很有可能是八倍，因為生活成本都差不多，你一個月只能存下來五千，而人家能存下來四萬。

二、存錢很重要。「錢沒了，再賺就有」這話不能全信。錢確實是再賺就能有，可前提是：你的健康不會出現問題，並且持續擁有旺盛的精力和充分的時間；你賺錢的技能依然管用，並且持續領先於同行。

三、賺到錢之後，你才有資格說自己視金錢如糞土。否則的話，金錢不是糞土，你更像。

四、關於已經賺到的錢，你也要有清醒的認知：你從未真正地擁有它們，只是輪到你去使用它們而已。

五、一夜暴富這種需求，只有騙子才能滿足。怕就怕，年輕的時候，某某叫你兩句「寶貝」，你就交付了真心；以後老了，某某叫你幾句「姐」或者「哥」，你就把退休金全拿來買了保健食品。

所以，當你手裡有一億存款的時候，你知道銀行的工作人員會怎麼對待你嗎？他會輕輕地搖醒你。

5 請警惕你的弱者思維：既然參與了競爭，就不要同情弱者

Q：為什麼上天沒有懲罰所有的壞人？

01

是設計，就比設計的效果，你不能因為他的家裡窮，就任由一個糟糕的提案通過。

是銷售，就比業績，你不能因為他的性格內向，就給他與業績不符的待遇。

是工程師，就比代碼，你不能因為他的身體不適合熬夜，就把一個到處是漏洞的程式交給客戶。

是做裝潢的，就比手藝和品質，你不能因為他裝潢辛苦，就允許他把別人的新房子裝得一團糟。

是擺水果攤的，就比新鮮或者便宜，你不能因為他的年紀大了，就由著他把爛水果

摻在好水果裡賣。

既然參與了競爭，就不要同情弱者。

什麼叫「弱者」？

就是遇事習慣性逃避，落後了、失敗了就滿世界找藉口。

就是在任何關係中都習慣性索取，得到了就覺得是自己應得的，得不到就怨天尤人。

就是總想靠別人來解決問題，不相信自己能行或者不願意自己搞定。

就是見不得別人好，對不如自己的人大肆炫耀，對比自己優秀的人陰陽怪氣。

就是死愛面子，不敢表露真實想法，不敢拒絕無理要求，不敢維護合理權益。

就是受不了別人的批評和拒絕，過度地期待他人的認同和誇獎。

就是習慣性撒謊，對誰都不真誠，說什麼都遮遮掩掩。

就是總喜歡和別人比較，贏了就得意，輸了就自卑。

就是認為別人的人生都是一帆風順的，只有自己的成長是困難重重的。

就是總認為自己是世界上唯一的受害者，然後將自己的悲催歸結於他人，歸結於環境，歸結於命運。

就是只發牢騷，沒有行動；只有熱情，沒有堅持。

就是容易情緒化，易燃、易爆、易受潮……

以「弱者」自居，也許會帶來一些免費的好處，比如得到幫助、得到關心、引起關注等，但如果你的潛意識將「弱」當成了資本，認定了「我弱我有理」，那麼麻煩和楣運就會如影隨形。

你會真的越來越弱，越來越浮躁，越來越喜歡抱怨，活得就像是一塊行走在人間的「楣運的磁鐵」。

02

有個年輕人，上班總是遲到，老闆扣了他的薪水，他就跑去哭訴：「我家裡窮，租的房子離公司太遠了，難免會遲到。」

老闆沒有同情他，而是當眾說道：「租屋遠不是遲到的理由，窮也不是，懶才是。」

他不思悔改，反倒到處說老闆的壞話：「看起來斯斯文文的，背地裡就知道想方設法地剝削我這種窮人！」

有位家長，為了幫不上進的兒子買一間新婚房，就四處借錢，被有錢的親戚拒絕了，就到處數落：「他都那麼有錢了，房子三四間，年年出國旅遊，為什麼就不能借我五十萬？」

甚至還憤怒地詛咒別人：「一家人都壞透了，早晚要倒大楣！等著看吧！」

有位新手，因為被檢舉搬運他人的設計稿，就滿世界哭訴：「那些大神怎麼就不能有點同情心呢？他們有那麼多的設計作品，已經有了那麼高的成就和收入，我借鑑一下怎麼了，他們是不知道像我這樣沒資源、沒團隊、沒學歷的人生存有多艱難。」

末了還不忘感謝一下所謂的「粉絲」：「謝謝你們能夠體諒我，你們是世界上最善良的人。」

有位「鍵盤俠」，平日裡總喜歡造謠明星，整天亂傳八卦，結果被明星告上了法院，於是哭哭啼啼地說：「當大明星就這麼小心眼嗎？都講不得了嗎？就這麼欺負我們這樣的小老百姓嗎？」

等判決生效、需要他承擔責任的時候，他又跑到明星的粉絲專頁下面跪求人家：「二十五萬對你是小事，對我可是天大的事。你這樣的大明星就不要欺負我這樣的小透明了吧。」

有個七十多歲的老人，因為闖紅燈被撞了，子女攔著司機要求賠償：「你至少要賠償五十萬，知不知道什麼叫禮讓行人呀？」

等交通警察查看全過程之後，判定是老人負全責，於是子女們大喊大叫了起來：「老年人是弱勢群體，怎麼能承擔全部責任呢？」

這些都是典型的「弱者思維」，他們堅持的邏輯是：「我弱我有理，你強你就得讓著我」。

他們無視別人的努力、投入、成本，只是盯著別人已經取得的好成績、已經獲得的好資源、已經擁有的好生活，就偏執地認為：既然你過得比我好，那我找你借錢，你就要借給我；我造你的謠，你就得聽；我做的事少，你也應該多給我錢；我碰瓷了，你就得賠償我；我抄了你的作品，你就要讓著我；我中傷你，你就要忍著……

但凡你拒絕了、解釋了、訴諸法律了，那你就是沒人性，就是欺負人。

這樣的人總是以自我為中心，從來不會覺得自己的邏輯和態度有問題。誰跟他們講道理，他們就瞬間切換成「潑婦模式」或者「比慘模式」，繼續無視人際交往的規則，無視規章制度，甚至是無視法律法規。

從這個角度來說，真正的弱者其實是不願意比慘的人。

因為不願意比慘，所以你既做不到像他們那樣胡鬧打滾，也不屑於像他們那樣自私自利，這就很容易被他們的賣慘行為道德綁架，所以，占便宜的總是那群賣慘的人，而不比慘的人則淪為了「比慘競賽」的犧牲品，同時犧牲的還有社會的善良風俗。

但我想提醒大家的是，規則在很大程度上是為了保護弱者，如果弱者帶頭破壞規則，那弱者只會輸得更慘。

沒有了規則的約束，弱者只會更弱，在弱肉強食的環境中，等待弱者的，只會是滅亡。

我總是本能地反感「同情弱者」，原因還有三個：

一、當我是弱者的時候，我發現別人的同情毫無意義。我該敲的文字我得繼續熬夜敲完，我該改的文案也得由我絞盡腦汁去完善，該我受的苦和累也得由我自己扛。

二、很多所謂的「弱者」，他們想要的方法不是方法，更像是點石成金的魔法。將他們的需求翻譯成白話就是：「你就告訴我該怎麼做，然後我直接照你說的做，然後我就能把事情做好，就能賺到大錢。」這怎麼可能？

三、同情弱者是變相地對強者不公平。如果弱者嚷嚷幾句「因為我是弱者」，然後就能獲取和強者一樣的機會、一樣的資源、一樣的待遇，那麼強者如此辛苦地從弱變強是圖什麼呢？

想對喜歡賣慘的人說：不是弱就有理，不是弱就該得到優待，弱只是你的注解，不是你拿來要脅這個世界的道具。

也想對不喜歡賣慘的人說：被攻擊的時候有睚眥必報的權利，被占便宜的時候有斤斤計較的權利。不要把忍受壞人當成了「好脾氣」，不要把忍受小人當成了「有水準」。

需要解釋的是，我提倡「不要隨便同情弱者」不等於我「反對幫助別人」，而是想提醒你，要將幫助別人限定在自己的能力範圍和精力範圍之內，而不是帶著「他好可憐」的俯視姿態，也不是帶著「我必須幫他脫離苦海」的使命感。如果你的羽翼尚未豐滿，同情他人只會把你拖下水。

03

一個兩千年後出生的年輕人在社交平臺直播賣鍋子的影片紅遍了全網路。她在直播的過程中非常賣力，但觀看人數寥寥無幾，突然有人問她：「你總是這樣舉著鍋子，會不會累啊？」

她的回答非常扎心：「這個鍋子是不會累的。」

說完就開始哽咽了起來，但依然還在賣鍋子，她說：「因為它有六層的加厚，高導熱的材質，而且它不挑爐具……」

她讓我想到了一個詞——「作業感」。

人生需要「作業感」，尤其是在職場，要像學生寫作業那樣，心情好要寫，心情不好也要寫；志得意滿時要寫，垂頭喪氣時也要寫，有時候還要邊哭邊寫。

不要把自己的軟弱公之於眾，不要把自己的狼狽逢人就說，不要試圖讓別人同情、憐憫、理解你。

整天把自己不好的地方掛在嘴邊，真的會讓你變得不幸。

弱者和強者的區別是什麼？

面對不幸和失敗時，弱者認為有人要對自己負責，強者則是自己對自己負責。

面對想要的東西時，弱者總是希望輕鬆擁有，最好是不用任何成本，而強者則明白任何好東西都是有價格的，所以總是想著拿自己有的去交換。

面對批評和指責時，弱者常記恨，覺得別人的批評是無中生有，是雞蛋裡挑骨頭。而強者則很感激，認為別人的批評是忠言逆耳，有則改之，無則加勉。

面對委屈和誤解時，弱者喜歡賣力解釋，強者用實力證明。

面對比自己混得好的人時，弱者會煩躁，會沮喪，會覺得「憑什麼是他啊？」而強者會分析，會思考「如果他可以，那麼我也應該可以」。

面對新鮮事物時，弱者會擔心新事物對自己造成傷害或者麻煩，會不自覺地貶低新事物。而強者會好奇「這到底是什麼？這裡面有沒有機遇」，會思考「我該怎麼弄清楚，我該怎麼利用這個東西」。

面對麻煩時，弱者喜歡抱怨，先放縱情緒；強者喜歡挑戰，先解決問題。

面對人際交往時，弱者恨不得讓所有人都知道自己厲害，而強者對誰都很客氣。這就好比說，有錢的人生怕別人知道他有錢，而沒錢的人生怕別人知道他沒錢。

面對巨大的目標時，弱者總是覺得累積「還不夠」，時機「還未到」，方法「還需研究」，可到底要滿足什麼樣的條件？他自己也不清楚。

而強者會把「目標」和「資源」之間的邏輯關係倒轉過來，沒人可以請，沒錢可以借，不懂可以學，限制可以規避，對手可以交易。總之一句話：實在不行，就再想想辦法。

世間事大抵如此：專注於機會，你就會找到機會；專注於障礙，你也會找到障礙。

04

怕就怕，你深陷在「弱者思維」裡不可自拔：

「因為我是弱者，所以我理應被另眼相待；所以我只需索取，無需付出；所以我可以理直氣壯地貪圖小利，破壞規則……」

「因為我不懂，所以是你說錯了；因為我沒見過，所以是你在撒謊；因為我不怕你，所以是你怕我；因為我有勇氣，所以我比你厲害。」

基於這種邏輯，什麼都沒做的人會好意思去取笑做得不夠好的人，不必對結果負責的人總喜歡指點身在其中的人，自己狗屁不是的人敢去鄙視勞苦功高的人。

那麼，身為普通人，我們該怎麼糾正自己的「弱者思維」呢？

嘗試用「主管的視角」。

遇到問題了，你不要習慣性地推脫說「這不是我的錯」，主管並不在乎是誰的錯，他關心的是這個問題怎樣解決。

不要假裝淡泊名利。

想要什麼就去爭取。只有兩種人才有資格「淡泊名利」，一是不缺名、不缺利的人，二是什麼都沒做、什麼都沒有的人。

不要道德綁架別人，也不要道德綁架自己。

老闆的道德底線是賺到錢，然後按時、足額給員工發薪水；員工的道德底線是把工作做好，別總出岔子。至於老闆有沒有捐款，員工有沒有調動，不勞你瞎操心。

減少比較。

人的貪婪是沒有盡頭的，有了房子想要大房子，有了車想要好車，明明口渴只需要一杯水，但想要得到的卻是一片海。結果是，越忙越累，越累越無趣。

他賺得多就多吧，她家小孩優秀就優秀吧，他家房子大就大吧。如果有人偏要拉著你比較，歡迎你頻繁使用「關我什麼事」和「關你什麼事」。

學會「我本位」。

「比你有本事的人多了，就算你再拚命也不會是你的」、「槍打出頭鳥，你就別瞎折騰了」、「我們普通人，怎麼和別人爭」，類似的話，你一旦信了，別人嘴裡的「你不行」，很可能變成你心裡的「我不行」。

「我本位」強調的是，一件事情是好是壞，它將如何發展，不取決於別人怎麼說、怎麼看，只取決於我怎麼想、怎麼看。我覺得行就行，我覺得好就好，即便結果不好，我認。

遵循「付費思維」，忘掉「人脈」二字。

不要動不動就伸手要，不要什麼東西都想著「白嫖」。那些職位、身分越高的人，幫你所需的成本就越大。表面上他是一句話的事，但背後他需要等價去交換人情。

拓展見識，努力賺錢。

你的腦子裡有能識破套路的認知，你的帳戶裡有能解決問題的餘額，那你的嘴上自然會有硬氣的談吐。

更新「對錯觀」：誰的損失大，就是誰的錯。

比如，有同事說你的壞話，如果你跟人較勁或者生悶氣，那麼這就是你的錯。因為別人只是說了幾句話，而你需要花費一整天的好心情，需要絞盡腦汁地思考、分析，太虧了。

一個人罵了你兩句，如果你記恨了一年，那就相當於他罵了你一年；一個人傷害了你，如果你耿耿於懷，那就相當於他一直在傷害你。

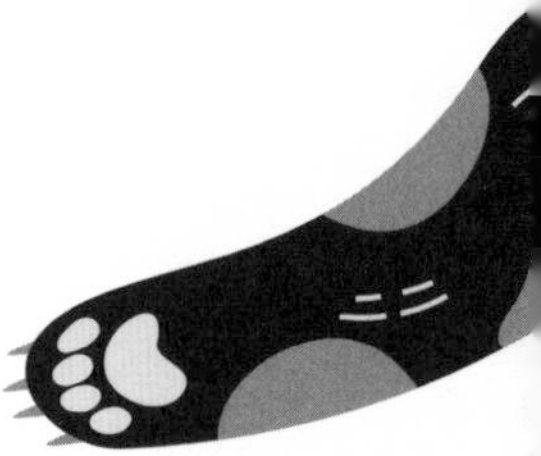

Part 4
為什麼說永遠不要考驗人性？

為了控制鼠疫，某地曾頒布法令：每交出一隻死老鼠，相關部門就發錢。結果是，有人去養殖老鼠。

為了湊齊在某海域發現的古老卷軸，考古學家發布懸賞：每發現一片，大大有賞。結果是，有人故意把撿到的卷軸撕碎。

為了徵集恐龍化石，某考古團隊發布公告：上交化石者，重金獎賞。結果是，有人將完整的化石敲碎。

1 東西不屬於你的時候最迷人：你因為欲望而在世上受的苦，不要算在命運的頭上

Q：為什麼科技水準大大提升了，但人們卻沒有活得更輕鬆？

01

先說一個殘酷的現象：但凡你看得上的，往往就配不上。

但凡你看到一個職位，從薪資福利、發展前景、工作地點、工作內容都讓你百分之百的滿意，那麼這個公司百分之百看不上你。

但凡你看上了一間房子，從面積、裝潢、物業、地理位置、周邊配套都讓你百分之百的滿意，那麼這間房子，你百分之百買不起。

但凡你看到一個對象，從長相、收入、家庭、學歷都讓你百分之百的滿意，那麼這個人百分之百看不上你。

再說一個醜陋的人性：得不到的時候什麼都可以不介意，得到之後什麼都有點介意。

比如體驗：好吃的東西，你吃過一次，它就沒那麼好吃了；好玩的東西，你玩過一次，它就不太好玩了；羨慕的本事，你學會了，它就沒什麼大不了的。

比如感情：開始的時候，你只要看到對方就會開心，後來必須陪著你才能開心，再後來必須討好你才會開心，最後就算對方變成奴才也無法讓你開心了。

比如財富：當你賺到第一個五十萬的時候，你可能會覺得很快樂；但是，當你賺到第一個一百萬的時候，你會覺得賺得好少，買不起什麼好車；當你賺到第一個兩百萬的時候，你會嫌棄自己窮，因為房子的頭期款都付不起。

為什麼我們感受不到兒時的快樂？

很重要的一個原因是：委屈也長大了。

為什麼科技水準大大提升了，但我們卻沒有活得更輕鬆呢？因為科技只管吃穿住行，管不了貪嗔癡妒。

02

你是不是也有類似的感受：

你很期待一件事，或者你很想要一樣東西，或者你很喜歡一個人，比如新款的電子產品、考進全校前三、存夠二十萬塊錢、買新房或者換新車、畢業、找到好工作和喜歡的人戀愛、結婚……

但是，一旦你真正擁有了，你會發現自己並沒有想像中的那麼快樂。

你甚至會覺得，自己付出的代價比想像中大，而得到的好處卻比想像中小。

然後你就會質疑自己的決定：「我是不是腦子壞了，花這麼大力氣竟然追求到的只是這種東西。」、「我之前人生的十幾二十年，辛苦追求的，到底是真實存在的，還是海市蜃樓？」

就像是，你玩了一個很久的遊戲，玩的時候雙眼發光，可一旦遊戲過關，你就覺得：「好無聊啊，浪費了我那麼多的時間。」

不管是買遊戲機、買跑步機、買拼圖，還是種花養魚，又或者是學樂器、玩戶外活動，放棄、閒置、荒廢彷彿成了你做每一件事、買每一樣東西的必然結果。

更糟糕的是，你知道這樣不好，但你就是改不了。以至於到後來，不論做什麼，你都不用等別人來潑冷水，你自己都知道自己是什麼德性。

為什麼我們在擁有之前會認為「我擁有了，就會快樂」？

因為在實現目標之前，你擁有的包括但不限於：明確的目標、明確的獎勵、明確的步驟、明確的任務進度表，你會變得有耐心，有期盼，有動力；你的想像力一直停在你想要的獎勵上，以至於無視了過程中的諸多艱難和辛苦……這些「想像出來的好處」會讓你興奮，讓你滿懷期待，讓你精力充沛，讓你擁有充分的獲得感，可一旦目標完成，這些好處也跟著消失了。

用一句話總結就是：東西不屬於你的時候最迷人。

類似的情況還有：滿懷希望的旅途比到達目的地更快樂，追求異性的過程比在一起更快樂。

為什麼我們在如願以償之後，並沒有很開心呢？

因為人不會因為某個結果一直快樂，就好比說，再也沒有人會因為能夠在夜裡擁有亮如白晝的燈光而歡欣雀躍了。

《欲望分子多巴胺》一書解釋了這種現象：「多巴胺激發了人們的想像力，創造了美好的未來圖景。」

多巴胺就像一位推銷員，告訴我們買了這個東西會如何快樂，追求那個結果會如何美妙。可是，一旦你期待的事情變成了現實，你想要的東西被你收入囊中，你喜歡的人被你擁入懷中，那些興奮的、激動的感覺都消失了，因為多巴胺停止了工作。

於是，你會開始迷茫於「明天該做什麼呢」、「別人擁有的是不是比我這個更好呀」。

03

一個人最大的不幸就是被不可抗拒的誘惑裹挾著，不被要求積極向上，而是被鼓勵順著欲望往下滑。

等後知後覺地發現「這種墮落帶來的快樂只是一種虛幻」時，很多事情都為時已晚，因為青春、野心、熱情都在墮落的過程中被消耗殆盡了。

人是怎麼淪落為欲望的奴隸？

一、忍不住眼前的小誘惑。

該睡覺的時候說「再五分鐘」，該工作的時候說「再玩一下手機」，該減肥的時候說「再吃一小碗」。活得就像賭徒一樣，贏了還想繼續贏，輸了總想翻盤。

二、用「下決心」的方式來減輕罪惡感。

有時候只是有了一個「做好事情」的念頭，比如晚上要跑五公里，你就會允許自己放縱一下，包括但不限於多吃一塊炸雞、多抽一根菸、多睡兩個小時的懶覺。

有時候只是下定決心做出改變時，你就已經感覺良好了，從而在行動上懈怠。進而陷入「下決心－自我感覺良好－行動上偷懶－放棄目標－重新下定決心」的封閉循環。

三、躺不平又捲不贏。

月薪兩萬時，看別人月薪三萬，也想著要三萬。等到了三萬，又看見有人早就超過五萬了，甚至是十萬。結果是，本來達成既定目標是值得開心的事，結果卻讓你越來越不爽。

遊戲新手時，打的都是小怪，你以為升級武器裝備，就能輕鬆收拾這幫小怪。可真實的情況是，你升級裝備之後，要打的敵人也升級了。結果是，變好沒有讓你變輕鬆，反倒是越來越難打。

殘酷的現實就是這樣：一個小孩補習是提高分數，所有小孩補習就變成提高平均分數了。

四、因為被持續刺激而上癮。

手機裡裝了太多的APP，它們刺激你想要更多、想要更好、想要更刺激。包括但不限於購物軟體、遊戲軟體、影片軟體、社交軟體。

更慘的是，無論你看到了什麼，這些靠大數據運轉的軟體，就能成功地讓你看了這個還想看下一個，過了這關還想玩下一關。

五、精神上的匱乏感。

上一代人是物質匱乏，所以喜歡囤積；現代人是精神匱乏，所以總想占有。尤其是當身邊的人都認為擁有那些東西是對的時，你雖不情願，甚至不理解，但你還是會向他們靠齊，包括但不限於拚命地去爭取或者不假思索地花錢。

懶散、拖延、內捲、成癮、精神饑荒，五者結合，人生必廢。

04

那麼，我們該如何跟欲望和平共處呢？我總結了九個小建議：

一、「進一物就出一物」。

你的衣櫃裡有一半以上的衣服是不穿的，你的社交軟體上有八〇%的人是不聯絡的，你的書架上有一大半的書是不讀的，這就是囤積的惡果。所以盡量不要保留超過一年不用的物品，筆一枝就夠了，衣服強制輪換。只留下真正讓自己覺得舒服、覺得用得到的那部分，只關注真正能讓自己變快樂、變優秀的那部分。

這種理念帶來的不只是「不囤積」，還會讓你更清楚「我最喜歡什麼」和「什麼最適合我」。

二、記住自己「在任何情況下都是有選擇權的」。

你可以像別人一樣，這也想要，那也想要；你也可以選擇跳出這個內捲的遊戲。

面對瘋狂湧進我們大腦的資訊風暴，你除了不假思索地「接受」或者「消費」，你也可以選擇把手機放在另外一個房間、安安靜靜地坐一會或者散散步，就像是把大腦關機那樣。

三、在所有你擁有的東西後面加上「可以了」。

比如，我現在擁有一份工作，可以了；我的身體很健康，可以了；我的父母都很愛我，可以了。這不是鼓勵你去做一個不思進取的人，而是讓你把注意力拉回到自己身上。

人只有活在一個自我接納、自我認可的世界裡，才有繼續前行的動力。一味盯著自己沒有的東西，反而會讓自己意志消沉。

四、設定「長期目標」，以此征服「短期欲望」。

「錢夠花」是短期欲望，「在自己熱愛的專業領域執著探索」是長期目標。

「娶美女」是短期欲望，「經營一段感情或者建立一個家庭」是長期目標。

「買名車豪宅」是短期欲望，「在某個領域做出一番成就」是長期目標。

很多人自律，不是說無欲無求，相反，他們是非常「貪婪」，所以能夠調動更大的欲望來征服眼前的小欲望。

五、適當減少外界的「勾引」。

欲望這東西很多是被外界的因素勾起來的，比如看到好看的臉，看別人過得好，看別人家孩子懂事乖巧……如果沒有外界的「勾引」，你的貪欲會降低很多。

但需要強調的是，不是拒絕接觸你就能過上「田園牧歌」的簡樸生活。短影片也好，各類軟體也罷，都有其好處，也有其弊端，我們要學習如何去揚長避短。

就好比說，六〇年代的人要拒絕吃吃喝喝，七〇年代的人要抵抗街機和撲克；八〇年代的人要面對網咖和網路遊戲……每一代人都有屬於他們的誘惑和墮落。是淪為欲望的奴隸，還是利用新技術成就自我，能給出答案的只有你自己。

六、活得更真實。

最辛苦的活法是，你不允許自己活在真實的年紀和身分裡。

二十歲的時候想直接擁有三十歲的人所擁有的談吐和地位，三十歲的時候又想直接擁有五十歲的人所擁有的閱歷和財富，發現自己沒辦法擁有，就覺得自己很失敗。

從小鎮出來的人羨慕自小在大城市裡長大的人所擁有的見識和出身，普普通通的少男少女開始妒忌富家子弟的瀟灑和肆意，意識到自己根本沒辦法像別人那樣活著，就感到很頹廢。

七、好好賺錢，好好存錢。

這年頭，誘惑你花錢的地方太多了，而勸你存錢的人太少了。成年人的崩潰是從缺錢開始的，老年人的心碎是從伸手要錢開始的。

八、認清自己能力的邊界。

社交有邊界，能力也有邊界，要弄清楚什麼是「自己能力範圍之內的」。要弄明白什麼是「喜歡的」和「能做的」，以及什麼是「雖然喜歡，但不能做的」和「雖然可以，但不應該做的」。

就好比說，老鷹可以吃到兔子，鯊魚卻吃不到，但鯊魚不應該羨慕嫉妒老鷹，而是應該努力去捕捉更多的魚。

九、真誠地面對自己的欲望。

喜歡就說喜歡，想要就去爭取，羨慕就承認羨慕，暫時不行就繼續努力，擁有了就好好珍惜。

不要對想要的東西說「我不喜歡」，不要對想留住的人說「我不在乎」。

欲望不是我們的敵人，虛偽才是。

05

欲望不是壞蛋，而是非常有力量的東西。

你可以利用自己對知識的貪心，不斷提升自己的知識才能；利用自己對財富的貪心，不斷追尋正當的高額收入；利用自己對生存的貪心，強身健體、修身養性。

所以，我不喜歡有人在我想要什麼的時候勸我知足常樂。

如果是不太熟的人，我會滿臉堆笑地說：「謝謝你的提醒。」

但如果是跟我關係不錯的人，我會很坦誠地告訴他：「我享受馬不停蹄的緊張，也享受玩物喪志的鬆弛。」

我的意思是，漂亮的人生從來都不是命運的安排，長久的幸福也從來不會從天而降，而是需要我們自己去爭取。

如果還有不甘心，就不該輕易地說「知足」。

知足是一個很玄的詞，你覺得不夠，就永遠沒有夠的時候，你覺得夠了，隨時就夠了。

反正我還是希望正值青春的你能「貪心一點」。

如果你什麼都不想要，不想吃，不想睡，不想愛，不想親密，不想要收穫，不想要成長，不想要夢想，不想要尊重，也不想要迴避危險，不想要逃避痛苦，那你活著還有什麼意思？

你不貪更大的人生格局，不貪更寬廣的眼界，不貪物質世界和精神世界的雙重豐盈，不貪美好的愛情，難道每天要吃齋念佛、一心修道嗎？

如果沒有欲望，我們今天也許還在和大猩猩一塊「喔喔喔」，然後搬石頭砸堅果吃呢。

少吃欲望之苦的上策是：在你不用考試的時候閱讀，在你不缺錢的時候投資，在你沒生病的時候注重健康，在你不覺得孤獨的時候培養友誼，在你一個人就可以很快樂的時候談情說愛。

06

成長的過程中要設定三大目標：一是從父母那裡拿回人生的主權，二是從橫流的物欲中奪回自己的大腦，三是從盲目的情感裡找到自己。

不要把自己的過錯都算在命運的身上，你內心的欲望才是「主犯」。

不貪圖什麼，別人就沒法引誘你；不憎恨什麼，別人就沒法打擊你；不癡迷什麼，別人就沒法欺騙你。

是賣保健食品的虛假宣傳讓你上當受騙的嗎？不是的。

你沒那麼好騙，騙你的是你內心對「疾病」和「死亡」的恐懼，對「增長智商」或者「延年益壽」的渴望，商人們對此研究頗深，所以拿捏了你的痛點和癢點，讓你輕易就範。

是別人的冷漠和絕情傷害到你了嗎？不是的。真正傷害你的是你自己對一段關係的貪心，你強迫對方收下你的好，又想要對方給出對等的回報。對方冷漠，你就難過；對方稍微禮貌一下，你又覺得他喜歡你。

是因為別人擅長討喜、比你好看，所以才淘汰你的嗎？不是的。真正把你比下去的，是你長期把自己鎖在忿忿不平卻又無動於衷的情緒裡，想要出人頭地卻在實力上長進甚微。

是消費主義的陷阱讓你變得不快樂嗎？不是的。讓你不快樂的，是你不知道自己想要什麼。所以，金錢才會變成裁量生命價值的唯一尺度，婚姻才會變成人生這場戲的必經關卡。

讓人生變得麻木、乏味、有氣無力的真正原因，根本就不是命運的刁難，而是因為你的癡心妄想、你的懶惰成性、你的心有不甘、你的左右為難、你的朝三暮四。

假如有一天，警察真的抓到了那個把你的生活搞得一團糟的罪魁禍首，你掀開他腦袋上的黑色頭套，看到的很可能是你自己的臉。

哪有什麼命運，不過是人們為自己的無能為力編造出一個強大的敵人而已，好為自己曾經的癡心妄想、瞻前顧後、盲目較勁和輕言放棄找一個心安理得的藉口。

2 小心人性：瞭解了人性，你就不會輕易說人間不值得

Q：為什麼說永遠不要考驗人性？

01

幾年前，我聽過一個醫生講的故事，時至今日依然還能記得個大概。

說是在一次公司發生的意外事故中，有個男人受重傷，被送到醫院搶救。

公司的老闆和男人的妻子先後趕到，他們焦急萬分，並再三拜託醫生：「請不惜一切代價搶救他，不用擔心錢的問題。」

醫生跟二位保證會盡全力，同時也告知了男人的情況：「救治成功的機率是有的，失敗的機率也是有的。搶救過來了，後續的治療會很漫長，而且花費不菲。」

二位依然堅定地要求全力救治，畢竟這個男人跟隨這個老闆已經二十多年了，娶這個妻子也已經十多年了。

但隨著救治的持續，面對不斷攀升的費用和並不明顯的救治效果。老闆和妻子開始動搖了：

對老闆來說，職員死了是最經濟的結果，因為老闆可以直接把後期救治的費用全都賠給男人的家屬，然後這件事情就結束了。

而對妻子來說，男人死了也是最輕鬆的結果，因為妻子既可以留下一大筆賠償款，還不用後半輩子去照顧一個殘疾的親人。

但二位不能直接說「不救了」，只好不停地找碴。比如當醫院通知繳費的時候，公司老闆就開始咒罵醫生：「真是沒人性的傢伙，只知道要錢。」甚至還講出了「你們醫生守著病人不放棄，不就是為了多賺錢嗎」這種喪盡天良的話。

男人的妻子也不勸阻，每當醫生望向她的時候，她就伸手去抹一下那根本就不存在的眼淚。

醫生心知肚明，這二位之所以這麼做，無非是等醫生的一句話：「救治希望渺茫，建議放棄治療。」

但醫生偏不，他吞下了委屈，扛住了壓力，最終將職員從鬼門關救回來了。

在宣布脫離危險之後，公司的老闆又變成了情深義重的好老闆，男人的妻子又變成了相濡以沫的好妻子。

利益是一面鏡子，人性會被照得一清二楚。

表面上的情深義重或者背地裡的無情無義，其實都是有跡可循的，那就是「利益」。當你把人的動機剖析得足夠深入，你就會發現，沒有誰是完全為了別人。

為了控制鼠疫，某地曾頒布法令：每交出一隻死老鼠，相關部門就會發錢。結果是，有人去養殖老鼠。

為了湊齊在某海域發現的古老卷軸，考古學家發布懸賞：每發現一片，大大有賞。結果是，有人故意把撿到的卷軸撕碎。

為了徵集恐龍化石，某考古團隊發布公告：上交化石者，重金獎賞。結果是，有人將完整的化石敲碎。

如果你想搞清楚一個人「為什麼會那麼想、那麼說、那麼做」，你就站在他的位置，看看他會因此得到什麼好處。

就好比說，孩子之所以「得不到就哭」，是因為以前「哭了就能得到」；大人之所以「得不到也不哭」，是因為經歷過「哭了也沒什麼用」。

人性的醜陋之處就在於：能占便宜就占便宜，能鑽漏洞就鑽漏洞，能走後門就走後門。

02

張居正講過一個「大官怕小吏」的故事。在他所處的時代，打完仗的軍官是論功行賞的，標準取決於軍官取回的敵人首級的數量。而核驗數量的是兵部的小吏，由他們寫報告，然後上報朝廷。

有些軍官為了快速高升，會對資料造假，通俗來說就是：他宣稱斬首多少敵人，但實際人數不足，於是就去砍老百姓的腦袋湊數。

如果沒人較真，這些腦袋就是戰功。如果有人較真，這些腦袋就是罪證。而會不會「被較真」就看兵部的小吏了。

換言之，軍官是快速高升，還是鋃鐺入獄，權力竟然落在了那些小吏手上。

有個小吏故意把一份報告上的「一」字擦去，再重新寫上「一」字，然後說：「這份報告字跡有塗改，按規定必須要嚴查。」

軍官一聽要嚴查，馬上拿銀兩來賄賂小吏，小吏拿到了足夠的賄賂，就補充了幾句：「字雖然有塗改，但經過仔細查驗，發現原來的字也是『一』字，並無作弊。」

張居正總結說：大官怕小吏，還要去賄賂小吏，並不是指望從他們手裡撈到什麼好處，而是怕他們禍害自己。

這種事情古代有，現代也很多。

在某個工地上，負責幫人盛菜的師傅拿著大湯匙往每個工人的碗裡裝飯菜，有個工人舉著碗等了好半天，可盛菜的師傅動都不動，他冷漠地盯著工人。

工人問他：「怎麼了？」

他不耐煩地說：「往前一點，往前一點，把碗往前一點，不想吃就滾蛋。」

再比如說，社區的保全因為你沒有對他「表示表示」，就攔著幫你搬家的貨車進社區。

銀行的職員因為你催了她幾句，就對你的業務拖拖拉拉的。

部門的小主管因為看你不順眼，就對你的提案痛下殺手。

團隊的小組長因為你沒有把廣告轉發到動態，就對你百般刁難。

像盛菜的師傅、社區的保全、小組的組長這類人，他們的生活也許並不算好，他們的人生也許並不順利，但他們並沒有同理心，而是把自己在別處受的委屈，釋放在那些無法反抗他們的人身上。

這些人拿著雞毛當令箭，用手裡的微小權力故意折騰他人，並從中獲得變態的快感和可憐的存在感。

就像是放火燒掉別人的房子，只為了烤一隻火雞。

人性的醜惡就是，在最小的權力範圍內，最大限度地為難別人。

當然了，你也不用急著抨擊這些手握權力的人，不如想一想：如果自己有了權力，能不能做到公平正義和平易近人？

03

談到人性時，查理．蒙格是這樣說的：「我不會因為人性而感到意外，也不會花太多時間去感受背叛。我總是低下頭調整自己去適應這類事情，我不喜歡成為受害者的感覺。我不是人性的受害者，我是倖存者。」

人性實在是太複雜了。

比如說，天天跟你嚷嚷「不想幹了」的人，你都走了，他還在。

以前經常幫忙的某某，你前腳失勢，他後腳就對你愛理不理了。

傳訊息找某某幫忙，他一整天都沒時間回覆你，可一旦你宣布事情解決了，他馬上就跟你說「現在才看到訊息」。

比如說，某某打著開玩笑的旗幟傷害你，你忍了。可當你用同樣的方式對他時，他卻很生氣。

某某向你諮詢某事，你站在自己的角度發表了個人看法，但如果他最終的體驗不好，就會怪罪到你的頭上。

某某再三跟你保證：「實話實說，我就喜歡聽真話。」如果你真的說了，他的臉色馬上就變了。

又比如說，關係很好的朋友，在同一條街做相同的生意，關係慢慢就淡了。

在外混得好的人，在村子裡和他們的父母聊家常的人竟然越來越多了。

吃土的時候，沒有人會問你苦不苦；但你吃肉的時候，有人來問你香不香了。

更讓人莫名其妙的是，有時候你什麼都沒做，僅僅是因為你的存在本身，就有可能對某某是一種傷害。

人性的真相到底是什麼？

是自私。即便是犯了相同的錯誤，人在指責別人的時候，通常也是不包含他自己的。只要得到了自己想要的東西，就會覺得一切都好。

是善變。用得上你的時候有多熱情，用不上你的時候就有多冷淡；你混得好的時候對你有多客氣，你混不好的時候對你就有多嫌棄。

是欺軟怕硬。比不過別人，就心裡酸溜溜的，各種怨天尤人；比得過別人，就打從心底瞧不起，各種看不上。

是不懂感恩。常常記不住別人為自己做了什麼，但總記得住別人沒有為自己做什麼。甚至還有一些人，你幫了他七分，他反倒覺得你欠他三分。

是以貌取人。比如開賓士時，保全會叫你「老闆」；開普通轎車時，保全會叫你「帥哥」，開破廂型車時，保全會叫你「幹什麼的？」。

希望你早日明白，不是千人千面，而是人人千面！

04

真正的高手都在對付人性。因為弄懂了人性才會慢慢理解這個世界的複雜，才能慢慢適應成年人的規則。

你就不會對這個世界滿是「誤解」。

比如有人說必勝客不好吃，其實可能只是嫌遠或者嫌貴。但如果必勝客因此就換口味，那麼只會有越來越多人說它不好吃。

比如妻子責怪丈夫晚回家，可能是覺得丈夫對她不夠關心。但如果丈夫每天早早回到家裡躺著玩手機，我相信妻子會更討厭丈夫。

你就知道「一切都是基於交換」。

想要什麼，你就拿自己擁有的東西去換。暫時沒有，暫時不夠，你就靜下心去學習、去賺、去存、去爭取，而不是整天要這要那，卻始終兩手空空。

你就不會再高估人脈，因為你知道，想和厲害的人成為朋友，那自己必須擁有相等的地位或者對方需要的東西。

你就沒心思再去研究什麼「木剋水、水剋火、火剋金」之類的東西，因為你明白了，如果自己又窮又弱，那什麼都剋自己。

你就有膽量撕掉「濫好人」的標籤。

以前的你是逢人就幫，被貼了無數的「好人」標籤，結果是，別人只會覺得你幫他是理所當然的，只要你拒絕一次，那段關係就變得岌岌可危了。現在的你會大方地拒絕，到迫不得已的時候才幫一下，別人反倒是對你感激不盡。

因為你明白了，越是輕易得到的東西，就越顯得廉價。

你就不會那麼迫切地想要和誰交心。

尤其是在職場，你會謹記三個「永遠」：已婚異性單獨約晚餐，永遠都沒空；同事私下吐槽主管，永遠都沉默；主管隨意口頭承諾，永遠都別當真。

因為你明白了，人心隔肚皮。

你就不會再要求別人無私。

當某人沒有做到捨己救人，沒有做到慷慨解囊，沒有做到助人為樂時，你不會用聖人的標準去譴責他，而是理解他只是凡夫俗子。

但如果某人用「這又不犯法」、「那你報警啊」來為自己的齷齪行為辯解，即便你沒辦法懲罰他，你也不會輕易原諒他。

因為你明白了，道德是最高標準，法律是最低標準。

你就不會有那麼多的滔滔不絕和仗義執言。

你不會隨便跟人分享你的成功，也不會輕易分享你的壞情緒。因為你明白了，大部分人只是好奇你的生活，並不是真的關心你。

你不會隨便指責別人的錯誤、缺點，也不會隨口就揭露殘忍的真相。因為你知道，人都喜歡好聽的，哪怕你說的是假的。

你不會輕易在公共場合怨天尤人，也不會允許自己在社交平臺上哭天搶地。因為你明白了，沒有實力的時候不要說話，有實力的時候不需要說話。

你就會明白，其實大家討厭的並非「不公」，而是「為什麼我沒在一個有利的位置上」；大家想爭取的也不是公平，而是「怎麼讓自己占到便宜」。

你就會看懂，很多人並不是真的信奉自由或者平等，他們的真實內心是：「從我往上，人人平等；從我往下，階級分明。」

就像開車的人最討厭兩種人：一種是超車的，另一種是不讓他超車的。

就像喜歡罵人的人會認為：我罵的人都是罪有應得，但別人罵我那肯定是沒素質。

人性的醜陋之處就在於：總是試圖建立規則，讓別人來遵守，同時又想成為例外，不受規則約束。

05

對人性缺乏瞭解，你就會變成傳說中的「性情中人」。你就容易犯兩個常見的錯誤：

一是因為別人在小事情或者道德上不如你意，你就對別人好感全無，甚至還打算割席分坐。

二是因為別人講了一句你愛聽的話，或者做了一件你覺得高尚的事，你就將別人視為知己，甚至想要死心塌地。

你就可能招來兩樣「不好的東西」：

一是莫名其妙的「惡意」，你不知道那個鄰居為什麼會突然討厭自己，你不理解那個工作人員為什麼會突然為難自己，你也搞不懂那個同事為什麼會害自己。

二是油然而生的「悲觀」，你會被人性的醜陋嚇一大跳，你會因為人性的貪婪而對人這個物種感到失望，你還會因為人心的善變而懷疑人間值不值得。

那麼我們該如何應對複雜的人性呢？

第一，永遠不要高估人性。

假如你有十個朋友，如果你認定了這十個朋友都是好人，你就會對他們有很高的期待。如果有一個人出賣了你，或者作奸犯科了，你就會很痛苦。

但如果你認定這十個朋友都不完美，你就不會對他們有太高的期待，有苛刻的道德要求。但如果有一個人突然對你很好，突然當了一次「聖人」，你會像中獎了一樣高興。

把這段話裡的「朋友」換成生活中的小事、周圍的人、階段性的目標，同樣適用。

第二，你可以討厭兩面三刀的人，但不要與其發生衝突。因為比陰險，你比不過人家。

老人們早就講過，「寧得罪君子，不得罪小人」。因為你不知道你無意當中說錯了一句話，會被小人記恨到猴年馬月；你也不知道自己千辛萬苦做出來的努力，會不會因為小人從中作梗而顆粒無收。

第三，不勉強。

生而為人，我們要對自身的人性弱點不斷反思，不能把「別人都那樣」當成「我也可以那樣」的理由。

與此同時，我們也要對他人的人性弱點給予包容，不能把「鼓勵每個人去做的事情」變成「對每個人的要求」。

第四，練習真誠。

真誠並不意味著你一定要指出別人的錯誤、糾正別人的缺點、拆穿別人的虛偽，但意味著一定不去恭維別人的錯誤、不去利用別人的缺點、不去鼓勵別人的虛偽。

真正成熟的態度是，既要小心提防人性的假醜惡，又要用心發現人類的真善美；既要用悲觀的眼光觀察人群，又要以樂觀的態度參入其中；既對世俗投以白眼，又能與之同流合汙。

3 當心異性：學歷可以過濾學渣，但過濾不了人渣

Q：戀愛或者結婚了，還能有異性朋友嗎？

01

有個女孩私訊我：「我差點被我的學長性侵了。」

我被那兩個刺眼的字驚到了，但看到「差點」的時候稍微鬆了一口氣。

事情大致是這樣：她跟這個學長已經認識五年多了，大學的時候，學長帶她進各類社團、教她投稿論文，畢業了，學長又幫她介紹工作，幫她搬家……他們平時也經常聚餐，算是無話不說的朋友。

她強調了好幾遍，說學長的人品很好，所以她一直很慶幸自己能結識這樣的人。

在上個月，因為工作上的一連串的失誤，她被老闆當眾吼了一個半個小時，哭得淅瀝嘩啦的她跑到城市的另一邊去找學長談心。

學長很有耐心，幫她分析原因，還分享了幾款軟體以及工作上的技巧，還帶她去吃了大餐，之後兩個人還一起討論了未來的職業規劃……

他們聊得太開心了，以至於忘記了夜色已深。學長說她一個女生這麼遠回去不安全，就提議去他家住一晚。基於多年的信任，她同意了。

就在那個晚上，在學長家裡，學長突然撲向她，好在被她用劇烈的反抗和滿格的音量阻止了。

學長跪地不停道歉，說他只是一時衝動，希望能夠得到原諒，而她抱著衣服，落荒而逃。

她說：「在我看來，他是一位值得信任的朋友；可在他看來，我就是一個不設防的笨蛋。」

我認真地敲了一段話傳給了她：不要僅憑很久之前的好印象就無條件地產生信任，也不要僅憑幾次不明確的示好就卸下防備，那些對你關懷備至，同時看起來和你的哥哥、爸爸，甚至是爺爺年紀相仿的人，也許並沒有把你當妹妹、女兒或者孫女看待！

長期保持曖昧關係，但沒有升級為愛情，真實的原因很可能有如下兩種：

一是：「如果你主動說做我的戀人，我或許會同意，但要我主動去追你，我大概也沒有那麼大的勇氣。也許是因為我怕失去你這個朋友，也許是因為我覺得你還不夠格做我的戀人。」

二是：「你可千萬不要真的喜歡我，我只是需要你，有時候需要的是你的靈魂，有時候需要的是你的身體，還有的時候需要的是你在工作上能幫到我，在生活中能給我便利，在麻煩出現的時候能替我搞定。」

當一個人對另一個人沒有企圖時，他是不會有任何「想吸引對方關注」的想法或舉動。而一旦有了私心，他就迫切地想要炫耀和獨占。

炫耀的東西有：財力、權力、文藝氣質、專長、相貌、品德等。

而獨占的表現是：介意對方跟其他異性來往，介意對方的焦點不在自己身上，介意對方花在自己身上的時間太少了，介意對方在什麼事情上對自己保密。

所以，當一個異性有意無意地靠近你，請你一定要保持警惕。因為人性都是得寸進尺的，碰一下你的肩膀，拉一下你的手臂，觸摸一下你的頭髮，看似不要緊的小動作其實是在試探你的反應。

如果你沒有明確地表示「不行」，那麼對對方來說就等於「允許」。

當一個異性不求回報地幫助你，今天請你吃飯、看電影，明天送你禮物，冒雨接你，也請你一定要保持清醒。因為人都是有目的的，看似紳士、大度、慷慨，很可能也是在等機會。如果你不是誠心想跟人交往，請你盡早停止接收。

畢竟所有看似命運的饋贈，都暗中標好了價格。

哦，對了。如果你身邊總是有很多的異性想要撩你，請你不要竊喜，以為自己很有魅力，倒是可以反省一下：到底是哪裡做得不夠好，才會讓那麼多人覺得配得上你。

02

想起一個三十多歲的男人傳給我的私訊，他說他酒後亂性，和一個彼此曖昧了很久的單身女同事睡了，問我怎麼辦。

然後時不時懊惱地補一句：「酒真不是什麼好東西。」

我強忍著反感說：「不是酒讓你亂性的。即便是喝了酒，人也可以管住自己，反正我是沒看過『酒後群毆主管』之類的社會新聞。你所謂的『酒後亂性』，錯也不在酒，只是酒背了鍋而已，想亂的，一直都是你的心。」

他傳了幾個捂臉的表情，然後說：「我已經躲了她三天了，我實在是不知道怎麼辦了。」

我回：「你要負起責任來。你可以告白被拒，但不能一逃了之。既然已經發生，而她沒有報警抓你，你就要主動去找那個女孩表明你想負責的態度，而不是試圖避開這個話題。逃避的後果極其嚴重，你會毀了那個女孩對男人的看法，也會毀了你作為一個男人最起碼的擔當。」

有個數據非常驚人：在性騷擾案件中，八十五%是熟人作案。對於「性教育全靠影集」的當代年輕人來說，總以為性騷擾距離自己非常遙遠。但實際上，它可能離你很近。

可能是你的長輩、上司、朋友、鄰居，可能是在開會之後、在聚餐之後、在談心之後。因為很熟悉，所以不設防，以至於忘了「人心隔肚皮」，忘了「防人之心不可無」。**畢竟，某人心理變態，他不會直接表現出來；某人在腦海裡意淫你，他也不會通知你。**

那麼，如何預防和應對熟人的性騷擾呢？

首先，你要對性騷擾很敏感。

騷擾不分大小，不是只有觸碰到敏感部位甚至發生性行為才算騷擾。所有讓你不舒服的表情、輕佻的語言、暗示性的動作、未經允許就觸碰到你的手或者肩、對著衣著整齊的你一頓亂拍照……都是性騷擾。

這個時候，你可以馬上走開（如果可以的話），可以大聲喝止（如果你敢的話），可以嚴肅地告知對方「不要碰我，不要拍我，我討厭這樣」（你甚至可以說「我感到噁心」），還可以保留圖片、音訊、影片、聊天紀錄等證據，然後向信任的人求助，甚至是報警。

其次，如果你感到不舒服，一定要馬上做出反應。寧可被人說成是「反應過度」，也要爭取保護自己。千萬不要奢望透過哀求等方法讓對方收手。

那些會性騷擾的人，大部分也是怕事的孬種，只會挑軟柿子捏，一旦你表現出強硬，他就會孬下來，但是不反抗可能就會得寸進尺。另外就是別怕，很多人怕撕破臉，怕尷尬，結果被壞人利用，從輕度的試探，變成了重度的侵犯。

第三，不要被對方的身分所迷惑。

即便是自帶光環的人，你也要保持警惕。他們可能是你的上司或者長輩，可能是你的客戶或者恩人，他們事前可能會向你展示權力、社會地位來迷惑你，事後又以他們的手段來威脅你。這讓你感到擔心：「反抗的話，家人會怎麼看我，同事們會怎麼看我，朋友會怎麼看我？」、「曝光的話，我還能不能在這個地方混？我的工作保不保得住？」

我想提醒你的是，任何人的社會地位，都只代表他在某個方面的成就，不代表他在道德上的清白和對異性的尊重。

和可能失去的工作、機會相比，你有更加值得珍視的東西，那就是你自己。更重要的是，你會因此看得起自己。

我不是要你懷疑人性的醜陋，也不是要你懷疑友誼的純潔，我只是想提醒你：要學會避嫌，要學會保護自己。

異性朋友如何避嫌呢？

就是盡量不要考驗友情的純潔，包括但不限於：不要孤男寡女共處一室，不要持續到深夜私下面談，不要兩個人的單獨旅遊，不要在某一方的家裡過夜，不要找對方傾訴直至醉酒，不要接受遠超出友誼價值的禮物。

就是盡量保持足夠的社交距離。包括但不限於：避免與異性單獨見面，避免肢體上的接觸，避免金錢上的往來，不欠對方人情，保持說話語氣和用詞上的禮貌，避免交談或者工作時的過度親密；在工作中僅以正常的上下級關係相處，在生活中僅以正常的普通朋友交流。

就是盡量不要在「特殊時間」聯絡對方。比如醉酒之後、深夜時分、吵架之後。

就是盡量不開過分的玩笑，不講過於親暱的話。不要為了開玩笑就說「要不我們在一起吧」；不要輕易給出「我另一半要是像你這樣就好了」、「還是你最懂我」、「你另一半怎麼可以這樣對你」之類的評價，不要用「寶貝」、「親愛的」這類的暱稱，更不要用「飛吻」表情符號和「想你了」之類的曖昧貼圖。

誠如法學家羅翔老師說的那樣：「如果一個玩笑，你不會說給你媽媽和你女兒聽，那其實你也不應該說給你的女同事和女同學聽。」

不是你覺得「關係好，說什麼都沒關係」，而是對方、對方的另一半以及你的另一半都覺得「沒關係」才行。

還有一件事情，我一直都滿好奇的：有的人是不是開古玩店的，為什麼見誰都叫「寶貝」？

03

有學生被老師性騷擾了，去找心理輔導的老師求助。

結果老師的原話是：「你首先要檢討一下自己，沒事就跑去喝酒的女生本身就有問題，不然為什麼別人都沒事，就你有事？」

有女職員被上司性騷擾了，在網路上曝光。

結果網友的留言是：「蒼蠅不鑽無縫蛋」、「我看你就是想紅吧？」、「說幾句那樣的話就是性騷擾？」、「吹一下你的耳朵怎麼了？」、「碰一下後背就是騷擾，你太自作多情了吧？」

有一種很骯髒的風氣是：把油膩當成熟，把粗俗當風趣，把天真當自願，把喊停當成欲拒還迎，把出於職業精神或者後輩對前輩的尊重理解為仰慕，把施暴者的罪行當成受害者的醜聞。

所以，想對被騷擾的人說：你沒有錯，更沒有罪。

被侵犯並不能證明你是蕩婦，更不能證明是你的問題，只能證明你是一個受害者，你倒楣遇到了壞蛋，你那個時候沒辦法保護自己。

不要認為是自己開不起玩笑，不要認為是自己在自作多情，不要認為那是社交的潛規則，更不要強迫自己去適應這樣的規則。

也想對受害者的親朋好友或者吃瓜群眾說：別在受害人面前擺出一副義憤填膺的樣子，不要賣力地慫恿受害者「站出來」，因為這個世界沒有給她站出來的勇氣，因為有太多的現實問題還沒來得及解決，因為有很多的類似事件在曝光之後不了了之，因為受害者要面臨無端的揣測和洶湧的惡意，因為傷痛和陰影還沒辦法抹掉半分，因為受害者自認為還不具備對抗禽獸的實力，所以，她才會將逃避和沉默當成保護自己的盾牌。

如果你要想讓她放下盾牌，要先讓她看到希望。

04

哦，對了。最後再提三個醒：

一、想對戀愛的人說的是：除了親戚、朋友、同事、同學之外，即便是此時在和你相愛的戀人，你也要有所警惕。已經有很多新聞報導過，因為情到濃時就接受了另一半提出的拍羞羞照片或影片的請求，結果慘遭洩露，甚至是勒索。

對方提出這個要求時往往會強調一句：「我保證不會給別人看。」但你要明白，愛情裡講過的話只會在相愛時算數。哪個前任沒說過「我要愛你一生一世」之類的鬼話？

向別人袒露靈魂都要冒著極大的風險，更別說對著鏡頭袒露身體了。

二、想對已婚人士說的是：要注意自己跟異性聊天的頻率和時長，因為聊多了就會產生曖昧，聊久了就會出現戀愛的錯覺。人一旦接受了別人的關心和問候，就很容易對其上癮。所以不要高估自己的理智和道德。

三、想對自作多情的人說的是：某某只是比別人有禮貌罷了，並不是對你有意思；某某只是長得好看而且健談罷了，並不是在和你調情。

4 做一個情緒穩定的大人：理直請不要氣壯，得理也可以饒人

Q：穩定情緒難道就是靠忍嗎？

01

我不愛吃香菜。有一天點外送，打開蓋子看見裡面鋪著厚厚一層香菜，而貼在包裝袋的收據上，備註有加粗加黑的十二個大字：「不要蔥花，不要香菜，謝謝你啦。」

我馬上去查了一下香菜的價格，差不多五十塊一斤。於是我馬上得出了一個積極的結論：店家肯定不是故意針對我的，他甚至是好心好意的，他想讓喜歡香菜的人吃得過癮。

然後，我打開了APP，給了店家五星好評，並且評論道：「味道很好，料非常足。」

學開車的時候，教練講過一段話，我回味了無數次，他說：「你不能以你的想法或

者以交通規則來斷定別人怎麼走。因為有的人就是喜歡橫越馬路，有的人就是會闖紅燈，有的人就是要違停，有的人就喜歡不打方向燈就換車道。你是直行，你的前面是綠燈，你就覺得他們理應讓著你，你就不管不顧地往前衝，這種想法是完全錯誤的。這種想法要嘛讓你易燃易爆，要嘛讓你經常修車。」

讀書的時候，老師講過一個故事，我一直記在心上。說有人正在乘船渡江，看見有一艘船正朝自己衝過來，他喉嚨都要喊破了，但對面無動於衷，於是他破口大罵：「混蛋！你到底會不會開船！」被撞之後，他才發現那是一艘空船，裡面並沒有人，他瞬間就沒那麼生氣了。

人很少會因為自己倒楣而怒不可遏，卻常常因為「他是故意的」、「他怎麼可以那樣」、「憑什麼要針對我」、「他連這點道理都不懂嗎」而大發雷霆。

比如說，小孩失手摔了盤子，和小孩故意為了氣你而摔了盤子，你的情緒反應肯定是不一樣的。

所以，不要一上來就覺得「我今天不揍揍這小子，這小子絕不會改」。不如想一想：「反正都已經摔碎了，再說小孩現在也很緊張，不如安慰一下他吧。」

人這一生，難免會遇到無法理解且無法溝通的人，難免會遇到突如其來但毫無辦法的麻煩，這個時候，你要提醒自己：我只是被一艘空船撞了一下，並不是有人故意要撞我。

這麼一想，你就會舒服很多，你就可以把耗在情緒上的精力用在解決問題上，你就會放下偏激的想法，你就不會得出糟糕的結論，也就不會有糟糕的行為。

永遠不要因為氣憤而講出刻薄的話，因為你的氣憤會結束，但刻薄的話卻會一直留在對方心裡。

永遠不要因為情緒而做出丟臉的事情，因為情緒會過去，但丟臉的事情會一直被人記得。

當你的情緒即將爆發或者你意識到壞情緒正在翻湧時，不要做任何實質性的決定，而是要給情緒按下「暫停鍵」，比如做三個深呼吸，切換一首歌，收拾一下桌面，洗一個熱水澡，讀兩頁書，下樓走五分鐘，或者出一趟遠門……

當你把自己從情緒的漩渦裡拉了出來，再回過頭去看那些讓你不爽的事，你就會發現：「也沒什麼嘛」、「讓他一下又會怎麼樣呢」、「他又不是故意的」。

我所理解的情緒穩定，不是逆來順受地說「好的」，不是佯裝平靜地說「我沒事」，也不是忍著火氣說「我都說了我沒事」，而是在遇到麻煩、受到打擊、心裡不爽的時候，能夠調動積極的情緒去對抗糟糕的情緒。

比如戀人忘了你的生日。消極的你可能會一下子就炸了，覺得他根本就不愛你，所以你要分手。

但積極的你會意識到，「哦，原來他忘了我的生日是因為他最近太忙了，經常加班到大半夜，而他這麼努力的原因就是為了早點存到房子的頭期款，早點和我結婚。」

比如你熬夜做出來的提案被老闆否決了。消極的你可能「不想幹了」，你覺得老闆有眼無珠，所以你要辭職。

但積極的你會意識到，可能是自己做的提案不是老闆想要的，可能是自己沒理解老闆想要什麼，然後你就會主動去詢問老闆的真實想法，並告訴老闆自己是怎麼想的。如此一來，你跟老闆就會從雇傭關係變成合作關係。

又比如你正常行駛的時候被人超車了。消極的你可能會暴怒，你覺得別人故意惹事，所以你氣得想撞上去。

但積極的你會想到這是一個危險的想法，它可能會讓自己和車上的人陷入危險的境地，你會試著說服自己「慢一點也不會怎樣，家人平安才是最重要的」、「也許他有什麼急事，也許他走錯路了」。

這個世界的確有不公平的存在，的確有不守規則的人，所以憤怒隨處可見，鬱悶也經常發生，所以有情緒是很正常的。如果戒掉了情緒，人和機器就沒什麼區別。

就好比說，害怕會讓你對危險產生戒備，憤怒會讓你對不公平保持警惕，這是你的大腦在提示你「小心」或者「我受夠了」。

但我想說的是，情緒本身是沒有好壞之分的，只是釋放情緒的方式有好壞之別。所以我們要控制的不是情緒，而是處理問題的心態。

好脾氣的消失，可以準確地反映幸福感的減退；而壞脾氣的消失，可以準確地反映智慧的增長。

當你遇到了愛唱反調的人，你就問自己三個問題：這個問題有標準答案嗎？這個問題重要嗎？這個問題跟我有關係嗎？如果有一個問題是否定的，那就不值得再爭辯了，除非你也覺得自己的時間不值錢。

當你遇到說服不了的人，大方地承認自己錯了比賣力地證明自己沒錯更有意義，坦然地服個軟比堅硬地互噴更有意義。你對了又怎樣？人家為什麼非要認同你？他不對又怎樣？你為什麼非要他變聰明？

當你遇到了難搞的事情，你就做兩手準備：如果這件事能夠解決，那就開足馬力去解決；如果這件事不能解決，那就問自己「會死嗎」，如果答案是「不會」，那就「想開」。

當情緒來襲時，要多問問自己：那種人做的那種事、說的那種話，到底值不值得變成一個結節收進乳房裡，或者形成一個斑點附在肝上，或者變成一個汙點留在檔案上？

02

在節目《我是演說家》的舞臺上，有位女嘉賓講了一件她非常後悔的事，就是對她最愛的兩個男人放了狠話。

因為爸爸反對她的婚事，還在電話裡警告她：「如果你要跟那個男的交往，我就不認你這個女兒，我們就斷絕關係。」

女嘉賓非常生氣，她冷血地回答道：「好啊，是從今天開始，還是明天？是你來通知家人，還是我來轉告？」

這句話差點將她爸爸氣到送醫院。她冷靜下來之後懊悔不已：「我怎麼可以用這麼狠毒的話來對付最愛我的爸爸呢？」

說到這裡的時候，女嘉賓話鋒一轉：「我可以為了我老公不惜跟我爸翻臉，但事實上，傷害我老公最狠的也是我本人。」

在一次激烈的爭吵中，被氣瘋的她脫口而出：「你憑哪一點配得上我啊？你知不知道你離過婚，你是個二手貨！」

她老公沒有還嘴，氣得進房間去收拾東西，在準備出門的時候，她老公非常難過地對她說：「你知道嗎，有些話是不能講的。」

被特別在乎的人肆無忌憚地說狠話是什麼感受？

會哭到身上每一個地方都痛，會反胃、噁心、耳鳴。

會覺得心臟被什麼東西掐住了，久久不肯鬆開。

會覺得心涼透了，會情不自禁地打冷顫。

會突然討厭自己，甚至質問自己為什麼會喜歡這種人。

會心痛到吃不下飯、睡不著覺。

會難過到一句話都說不出口……

是的，語言的力量非常強大，可以讓人從頭暖到腳，也可以讓人從腳涼到心。

那麼你呢？

有沒有在氣急敗壞的時候對你很愛的那個人說：「我要跟你分手」、「你配不上我」、「你滾」、「你算什麼東西」……

有沒有在小孩不認真、不努力、犯錯誤的時候對小孩咆哮：「你怎麼這麼不爭氣啊？」、「我不要你了！」、「你是我們家的恥辱！」、「豬都學會了，你怎麼還不會？」、「你是大的，就應該讓著小的啊！」、「你怎麼這麼沒用？」

有沒有肆意去點評你不認同的觀點和行為，在下面留言：「這是人說的話嗎？」、「這是人吃的東西嗎？」、「寫這是什麼垃圾？」、「這種東西也好意思拿出來丟人現眼？」

你挑的是對方的傷口和痛點，你用的是最惡毒和刻薄的字詞，你怒目圓睜的樣子就像一位驍勇的刀客，在一刀一刀地砍著你所愛之人的心。

但你別忘了，並不是每一句說出去的狠話，並不是每一個被你傷害過的人，你都還來得及道歉和補償。

要永遠記住，真理要像外套那樣得體地展示出來，而不是像濕毛巾一樣扔在別人臉上。

人也差不多，即便我知道你是為了我好，也請你態度好一點；即便我知道我有問題需要改正，有責任需要我承擔，但如果你兇我，那在我看來就是你的不對。我只會加倍地兇回去，我只會蠻不講理，拒不認錯，死不悔改。

但如果你能好好跟我說，那我很有可能會心存歉意，我的強勢態度也會變得底氣不足，就算我的驕傲不允許我對你說「對不起」這三個字，但我的良知一定會勉強自己向你露出「諂媚的微笑」。

03

有人採訪一位很厲害的投資人：「過去這麼多年，最讓你難過的事情是什麼？」他的回答竟然是：「你是問難過的事情，還是難處理的事情？我好像沒什麼難過的事，倒是經歷了一些難處理的事。」

仔細琢磨他的回答就能琢磨出一種非常高級的心態：我沒有難過的事情，我也沒有什麼好抱怨的，任何事情，只要發生了，我就去冷靜地處理，最多是難處理而已，不會有太大的情緒起伏。

情緒穩定的人自帶沉穩的氣質，不會逢人就說自己的苦楚，不會一有機會就絮叨內心的不滿，不會還沒開始行動就炫耀自己的宏偉計畫，不會假裝和世界抱作一團，而是活在自己的目標、愛好、責任裡，他有著非常穩定的價值觀和非常堅固的原則，他的內心就像是擁有一個巨大的錨，外面的風浪根本就奈何不了他。

情緒穩定的人會再三提醒自己：「我沒有比別人更倒楣，只是這一次而已；我不會一直倒楣，只是暫時而已。」

情緒穩定的人會直擊問題的關鍵，如果自己是因為委屈而有情緒，那要想著怎樣才能跟人講清楚；如果自己是因為能力不夠而有情緒，那就要想辦法提升本事。

情緒穩定的人不輕易「腦補」。

比如老闆問起工作進度，就確信老闆只是想知道這個專案的進展如何，想確認一下自己需不需要幫忙。而不會過度地猜測：「老闆是不是覺得我不夠努力，是不是想找個人取代我？」、「可是我已經在沒日沒夜地做事了，他怎麼可以這樣？」、「我太生氣了，他怎麼一點都不懂得體諒做事的人呢？」、「跟這樣的老闆，這輩子也賺不到大錢，還是辭職吧！」

比如對方「暫時沒有回應」，就確信對方沒回訊息只是在忙，沒接視訊只是沒看到，沒別的原因，不必亂猜。而不會陷進情緒的黑洞裡：「哎呀，他是不是生氣了，他是不是對我有意見，他是不是看不上我，他是不是有喜歡的人了……」

結果是，情緒穩定的人都是「大事化小，小事化了」，而情緒不穩定的人則是「大事爆炸，小事暴躁」。

情緒穩定的人會從容地面對工作中的麻煩鬼和糊塗蛋。

他們知道遇到這種人在所難免，所以絕不會因為這種人的存在就選擇擺爛。他們會很努力做好手上的事情，因為他們很清楚，能被擺爛的不會是對方，只會是自己。

但與此同時，他們會爭取遠離這種人，包括能力上、職位上、薪水上和心理上的遠離，因為他們很清楚，在這個適者生存的社會裡，帶一隻豬闖蕩江湖，意味著你在和整個生物鏈做鬥爭。

情緒穩定的人分得清是非對錯，但不爭輸贏。

他們會站在對方的角度去傾聽，以便理解對方的真實意圖；會用對方的頻率去表達，以便對方聽得進去自己的真實想法。

他們這麼做是為了更好地溝通，而不是為了討好誰；是為了更好地達成共識，而不是為了說服誰。

情緒穩定的人能夠提供寶貴的情緒價值。

你做的菜鹹了，他會說：「鹹了好，鹹了下飯。」

你做的菜淡了，他會說：「淡一點好，少鹽更健康。」

你買給他的衣服買小了，他會說：「小了好，穿著貼身。」

你買給他的衣服買大了，他會說：「大一點好，穿著寬鬆。」

你整理房間弄壞了他的裝飾，他會說：「壞了好，我早就看它不順眼了。」

你逛街弄丟了手機，他會說：「丟了正好，我早就想幫你換個新的。」

甚至是你想拽著他出門撿垃圾，他會一邊笑你是神經病，一邊翻箱倒櫃地找出兩個大塑膠袋，然後跟你說：「這個裝得多。」

在他這裡，你永遠有臺階可以下，你的缺點永遠不留汙點，你的錯誤永遠是情有可原。

溫馨提醒：誰能為你帶來最多的平靜，誰就應該得到你最多的時間。

04

成年人的情緒看似穩定，但其實很難穩定。因為糟糕的事情會鋪天蓋地地襲來，還因為成年人的內心住著三個人：內心的小孩想得到愛，內心的少年想要復仇，而成年人自己只想讓這件破事快點過去。

那麼，成年人該怎麼管理情緒呢？

首先，你要意識到「我有情緒」。

當你生氣時，請你意識到你在生氣，這一點至關重要。意識到情緒，你後續的行為就不是本能的反應，而是一種選擇。

你可以選擇停止發火，因為你怕傷害到什麼；你也可以選擇大發雷霆，因為你就是想讓對方看到。

其次，避免開啟「反駁模式」。

一聽到了不同意見，馬上開啟「反駁模式」。在這種模式下，傾聽是不存在的，當傾聽停止時，思考就停止了，當思考停止了，有效的溝通也就中止了。彼此能感受到的只有指責、批判、不滿和攻擊。

情緒就像一個陀螺，你一鞭子，他一鞭子，只會讓陀螺變得暴躁乃至失控。但如果你能率先停下來，對方也會跟著停下來，情緒的陀螺才有可能停下來。

第三，不要憤怒地表達。

你本來是想表達一個事實或者觀點，這是很容易做到邏輯嚴謹的。但如果你非要加上強烈的情緒，以表達你的不滿和憤怒，那麼你的邏輯就會出現漏洞。不信你仔細觀察，很多人邏輯上有漏洞，常常是因為情緒在失控。

如果實在忍不住想翻白眼，記得先閉上眼睛。

第四，不要激怒對方。

當你打算要結束一次爭吵、準備要遠離一個不講理的人時，不要飆狠話，不要甩出「你打我試試看」之類的話語刺激對方，就算法律會制裁他，但你很可能會因為刺激對方而受到傷害。

切記，敬而遠之才是真正的「保護自己」。

最後再問個好玩的問題：為什麼動畫裡拯救世界的都是小學生、國中生、高中生？

因為如果你對成年人說：「世界要毀滅了。」他們很可能會說：「還有這種好事？」

5 最好的禮貌是少管閒事：你說服我沒有意義，我對說服你也不感興趣

Q：為什麼道德的高地上總是站滿了人？

01

曾在一天之內，收到了兩個事關「好為人師」的問題：

A同學問：「我總是忍不住想要糾正室友的觀點，我知道這很討厭，但我就是停不下來，我該怎麼辦呀？」

我回答道：「那就繼續吧，你知道會被討厭還要糾正，那就爭取讓所有人都討厭你，等你沒朋友了，自然就不用糾正誰了。」

B同學問：「不管我說什麼，那個煩人的同事總是要糾正我，我真想嘴他兩句，但低頭不見抬頭見的，哎，我該怎麼辦呀？」

我回答說：「糾正你，是想凸顯他的優越感，如果你暫時不如人家，那就假裝認同他，然後爭取比他混得更好；如果你和他的段位差不多，那就把他當個笑話，表面上恭敬，在心裡傻樂。」

與人相處最招人煩的行為，就是總想證明「我是對的，你是錯的」或者「我很聰明，你太蠢了」。

幾乎每個人都會「被建議」，小到吃相、坐姿、發音，大到習慣、婚姻、事業。如果是至親或者主管，被說兩句倒也無可厚非，可總有一些莫名其妙的傢伙，既沒有你過得開心，又沒有比你優秀多少，就三天兩頭地指出你需要「改進」的地方，覺得你再繼續這樣下去就完蛋了。

那麼問題來了，為什麼道德的高地上總是站滿了這樣的人？

因為這些人根本不知道自己在說什麼，他們只是喜歡給自己戴高帽、立牌坊、貼標籤，而且覺得這些東西舉得越高越好。

喜歡辯論，喜歡交流，這都不是問題，問題是，有的人在討論的一開始，就帶著「你必錯無疑」的氣勢，帶著一種「你怎麼這麼蠢」的鄙夷。可沒有人願意被證明是個笨蛋。

出現了意見不合，或者被人說三道四，你可以闡明自己的觀點，可以表明自己的立場，可以聽聽對方是怎麼說的，可以分析對方為什麼要那麼說，然後你再去判斷：要不要跟他硬碰硬到底，以及要不要因此不開心。

與此同時，我們還要對這些「好為人師者」予以同情。因為控制不了自己的人，才總想著要去控制別人；因為不瞭解自己的人，才總是擔心別人不瞭解自己；因為沒什麼真本事的人，才總是想證明自己有本事。

只有這樣，他才可以將自己巨大的無助感轉嫁出去，將自己少得可憐的存在感刷出來。

和「好為人師者」相處是什麼感覺呢？

就像是，他強調「毒蛇雖然有毒，但能治病」，給的理由是「有人被毒蛇咬了一口，風濕好了，關節炎也不發作了」，可偏偏不說最要緊的那句——「心臟也不跳了」。

就像是，你在公園裡下棋，走了第一步，來了幾個老頭子，一直幫你出主意，直到你完敗，他們就總結道：「你第一步就不該走當頭炮。」

如果覺得別人錯了，到底要不要糾正呢？我的個人建議是：

一、非必要不費力去證明自己，無利益不試圖去說服別人。不是早就有人說了嗎？人際交往的最高智慧就是：熱情、大方、一問三不知。

二、如果是很親密或者存在利益關係的人，你想提意見，要先獲得對方的同意。

三、重新跟對方表述一遍他的觀點，以便確認自己沒有誤解對方。

四、只說客觀事實，不說主觀評價。比如，把「我覺得某某是個好人」換成「某某在某事上幫過誰誰誰」。

五、只分析現象，不替人下結論。比如，幫他分析A選項有什麼好處和壞處，B選項有哪些優點和缺點，至於最終怎麼選，由他自己判斷。

六、擺正姿態，不要居高臨下，不要以「說服對方」為目的。即便你說得很對，也要允許對方不聽。

七、如果意識到對方聽不進去，你可以私下去找找證據。在這個求證的過程中，你會發現「哦，原來是我不對」，或者發現「哈哈，對方果然錯了」。然後，你只需默默地慶幸或開心就行了。

八、允許別人犯錯，允許他做呆瓜，允許自己的聰明才智沒有展示出來。怕就怕，你渡不了別人，卻被別人拖進了地獄。

要珍惜有限生命，不做無謂講理；要放下助人情節，以免乳腺結節。

最好的心態是：要允許別人做別人，也要允許自己做自己。不再試圖改變別人，不再把生命和他人捆綁在一起，也不再陷入無止境的自證陷阱。

是的，我本就是俗人一個，在我的認知裡，當下就是比以後重要，接受就是比憤怒管用，自己過得好就是比吵贏了舒服，吃飽了就是比餓著踏實，努力賺就是比生悶氣有價值，積極上進就是比擺爛好，多做事就是比多憂愁有意義，沉得住氣就是比三分鐘熱度可靠……你或許有不同意見，但不用來說服我。

02

有個網路流行語叫「理中客」，它的本意是「理性、中立、客觀」。可惜現在這個詞越來越像一個「壞蛋」。

讓它變壞的原因是，有的人暗地選邊站，卻偏要給自己立一個「理中客」牌坊；明明在為自己的利益說話，卻動不動就說自己講的是「公道話」。

有的人只是打著「理中客」的旗號，扮演的是「白蓮花」的角色，擺的是「世人皆醉、唯我獨醒」的臭屁樣子。

有的人自稱理性，卻在字裡行間摻和了大量的情緒；自稱中立，卻在結論中夾帶了滿滿的私貨；自稱客觀，卻在暗地裡拉偏架。總之是，他們既不理性，也不中立，更談不上客觀。

滿嘴的禮義廉恥和仁義道德，樂山大佛聽了都得給他讓座。

為什麼大家討厭「假理中客」？

因為他喜歡好為人師。

動則ABCD，輕則一二三四，明明是在倚老賣老，卻自以為思想高深；明明是別人一忍再忍，卻自以為自己受人尊敬。

如果實在說服不了你，他就會拋出一堆著名的廢話：「我吃過的鹽比你走過的路還多」、「我又不會害你」、「我這都是為你好」。

因為他喜歡「解晦」。

你鼓足勇氣穿上了從來都不敢穿的裙子，他當眾來了一句：「哇，你的腿好粗。」

你終於買到了心儀已久的車子，他就開始說他身邊誰誰誰開這種車出事了。

你歷經千辛萬苦爬到山頂，開心地大喊：「太爽了，感覺一伸手，就能撩到嫦娥。」他卻跟你科普：「這個海拔才一千三百二十九公尺，距離月球三十八萬公里，就算你登上珠峰，也撩不到嫦娥！」

他說的對嗎？好像也沒錯。但是你想不想抄傢伙？反之我是很想。

因為他長年駐紮在道德的高地上，永遠站在道德的C位上。

看到有人高額消費了，他就喊：「那麼有錢怎麼不把錢捐出來做慈善？」

看到有人投訴廣場舞擾民，他就說：「做人能不能善良一點，老年人難得有點娛樂活動。」

看到有人指責小屁孩，他就來幫腔：「只是個孩子，你計較什麼？」

反正他是沒錢可捐的，反正高音喇叭又不是擺在他家門口，反正被小屁孩騷擾的又不是他。

因為他無視受害者的傷痛。

看到受害者，他的第一反應往往是：「兩個人都不是什麼好東西」、「一個巴掌拍不響」、「這個女的一定是做了什麼，不然她老公不會無緣無故地打她」、「凡事要多想想自己的原因，為什麼別人只欺負你呢」……

他只是用這些歪理來給自己滿腔的惡意站臺，其實不過就是在掩飾他們內心的冷漠和醜惡。

他甚至不瞭解到底發生了什麼，就在網路上私設公堂，隨隨便便地給受害人判罪！

因為他總覺得自己遠超同齡人的「思想水準」。

朋友在外面吃虧了，他張嘴就說「吃虧是福」。卻忘了自己根本就沒資格以「置身事外」的心態說「沒必要」和「不至於」之類的便宜話。

老闆正在為某個決策傷腦筋，他就說「這麼簡單的事有什麼好糾結的」。卻沒意識到，老闆要對最終結果負責，所以做決定的時候就會「因為權衡各方利弊而顯得特別笨拙」，而像他這種不必對結果負責的人只是「因為輕飄飄地說這說那，才顯得絕頂聰明」。

因為他是馳名「雙標」。

他有異性朋友就屬於「純潔友誼」，別人有異性朋友就「肯定有鬼」。

他遲到了就是因為塞車，別人遲到了就是因為沒有時間觀念。

他追星就屬於為了夢想，別人追星就是腦子有病。

他談了很多戀愛是因為他們有魅力，別人談了很多戀愛就是「水性楊花」。

因為他喜歡假裝中立。

看到明星吵架，明明是心裡有偏向，卻自詡為「純路人」；明明是帶著偏見，卻厚著臉皮說「有一說一」。

就像看到胖虎欺負大雄，他既沒有支持大雄，也沒說支持胖虎，而是選擇「各打五十大板」，然後厲聲譴責暴力。

但實際上，沒有幫弱者，就等同於支持暴力。

因為他常常選擇性失明。

插畫家的作品被抄襲了，他沉默了；插畫家在網路上聲討抄襲者，他卻跳出來說：

「為什麼抄你的人卻比你紅？你眼紅就說自己眼紅，別講得那麼大義凜然！」

別人噴你的時候，他都在看笑話；你想還嘴的時候，他卻蹦出來叫你理性一點。

關於「理中客」，我要提三個醒：

一、真正的理中客，絕不是霸占道德的高地，然後講幾句沒用的便宜話，而是理解別人的不如意，體諒周遭的不得已。

誰都想做一個醫生，誰都不想當病人。站在痛苦之外規勸受苦之人，是很容易的事情；以置身事外的態度指導置身之內的人，是很沒有道德的事情。

二、當我們指責別人是「理中客」時，有時候是因為我們不認同他們的觀點，有時候是因為我們當時的心情不好，有時候是因為我們找不到更好的理由去辯駁了，有時候是因為我們無法接受他們說出了真相，還有的時候是因為我們單純地討厭那個人。

三、我們常常指責別人是理中客，卻常常意識不到自己也是。就比如我絞盡腦汁地寫「理中客為什麼變成了貶義詞」，很有可能也犯了「理中客」的諸多臭毛病。

成熟的標誌就是，你慢慢意識到，不管是什麼規律、經驗，都有它的適用範圍。

03

當你想改變或者想拯救別人時，我想提醒你三件事：

一是掂量一下「我有沒有資格」。你只有身在岸上，才有資格去解救水中的人。所以，那些自己過得水深火熱的人，就別替那些活得風生水起的人操心了。

二是分析一下「對方願不願意」。誰也無法叫醒一個裝睡的人，最多只是在對方願意改變、想要改變的時候幫著推一下。所以，別人不問，你就別說；別人沒求，你就別幫。你覺得自己是好心想拉他一把，但他不會因此感激你，只會覺得你冒犯了他，甚至還會凶你一句：「你把我的手臂拉痛了！」

三是意識到人跟人是不一樣的。成長環境不一樣、愛好不一樣，時代也不一樣。比如說，六年級生請假是因為父母不舒服，七年級生請假是因為孩子不舒服，八年級生請假是因為自己不舒服，而九年級生請假是因為看你不舒服。

快樂出現的時候，請盡情享受；被人誇獎的時候，請虛心接受。

讚美別人的時候，請像個演說家；糾正別人的時候，請像個啞巴。

人吶，還是要經常上量體重，以便知道自己是胖了，還是瘦了，以及在別人眼裡到底有幾斤幾兩。

事實上，你受人尊重，你說的話才會有分量；你過得好，才能為你的觀點加分。讓人閉嘴的從來不是你的道理，而是你的身分。

就算是你的父母、戀人、朋友、小孩，你也別想輕易地說服他們。真心想要影響他們，最好的辦法就是讓自己變好。

你成功了，有錢了，出名了，好看了，受歡迎了，遠比你的道理要有用得多。

如果被人提了不同意見，我也要提兩個醒：

一、那個職位比你高、經驗比你豐富、能力比你強的人，他找你掰扯的目的，很可能不是為了說服你，而是為了說服他自己。

他不是不贊同你的觀點或方案，而是需要你提供更充分的理由，來幫他下決心。

所以，不要覺得那個人是個愛抬槓的傻瓜，不要質疑他的冥頑不靈，僅僅只是因為，他的心事懸而未決而已。

二、不被理解才是正常的。無論你解不解釋，一定有人理解不了你為什麼那麼晚睡覺，為什麼要去那麼偏僻的地方玩，為什麼拍那麼醜的自拍照，為什麼一直去吃同一家餐廳。

不是非得別人理解了你，你的決定才是正確的；不是非得別人都認同你，你的行為才是合理的。

04

「出門遇貴人」是很多人喜歡的祝福語，那什麼樣的人更有貴人緣呢？

答案之一是，無知且不懂就問的人。

吃飯的時候，你好奇地問：「這道菜是什麼呀？還滿好吃的。」一定會有人跟你講它的來龍去脈。

群組聊天的時候，你好奇地問：「這句話是什麼意思呢？」一定會有人跟你解釋它的前因後果。

工作的時候，你好奇地問：「這個東西怎麼用啊？」一定會有人告訴你它的大有作為。

你無知且好奇的樣子，會讓人覺得你很可愛，覺得你需要幫助，貴人自然就會挺身而出。

反之，如果你什麼都懂，什麼都知道，那貴人自然就會不留痕跡。

為人處世，真正的高手都是扮豬吃老虎，可惜多數人都只是「豬扮老虎」。

很多事情，對你來說就像一道牆，就算你撞得頭破血流也無濟於事；但對有的人來說就像紙窗，一戳就破了。

高人可以幫你捅破紙窗，但前提是，你自己要爭氣，要到達一定的段位，否則就算遇見了貴人，也跟你沒什麼關係。就像再好的考大學高分策略，對小學生而言也是毫無用處的。

6 人生拚的是教養：你能好，一定是有很多人希望你好

Q：哪些行為會讓你覺得那個人很有教養？

01

前些天，有位學者在網路上對一位老藝術家的逝世表達了悼念。

底下有人留言道：「都這麼老了，（活得）差不多了。」

學者回覆：「人要有一點悲憫之心，要說人話。」

又有人跟著留言：「你這麼有學問還看不透生死。他都九十八歲，已經很好了。」

學者答：「自己活多久都無所謂，但對別人（尤其是敬重的人）不能有這樣的看法，這才叫看透生死。只看透別人的生死，那叫不是人。」

這年頭，誰都覺得自己缺錢，包括不缺錢的；誰都覺得自己不缺德，包括缺德的。

每個人覺得難過、委屈、崩潰、氣憤、開心、驕傲的「標準」都不一樣，不要因為

「我覺得這沒什麼」，就去看輕別人的感受。

你覺得無關緊要的事情，別人可能正為此痛不欲生；你覺得超級有趣的東西，別人可能覺得「就那麼回事」；你覺得非常珍貴的東西，別人可能覺得一文不值。

就好比說，有的人開著幾萬塊錢的小車，卻住著一棟帶花園和泳池的大房子；有的人穿著一件掉色的POLO衫，但戴著一塊價值幾萬塊的表；有的人吃著路邊攤，但他卻是在慶祝公司上市；還有的人用著過時的手機，卻買了一把價值百萬的小提琴。

所以，不要用自己的想法去衡量別人，也不要用自己的價值觀去評價他人。

你喜歡蕎麥麵，別人喜歡烏龍麵，你不能說「烏龍麵是人吃的嗎」；你喜歡草莓口味的蛋糕，別人喜歡抹茶口味的，你就不能說抹茶看起來像鳥屎；你喜歡古典樂，別人喜歡搖滾，你就不能說「搖滾也能算音樂嗎」。

你可以不喜歡，也可以認為它難吃、難看、難聽，但當著對方的面貶低對方喜歡的事物，這就是缺德！

同樣的道理，不要在體重偏重的人面前談肥胖的壞處，不在失戀的人面前曬恩愛，不在家庭不幸的人面前談父母的恩惠。

不要對難過的人指點江山，不要高談闊論說「事情都過去了，你怎麼還放不下」，不要對幸福的人潑冷水，不要對別人明確表示喜歡或者明顯感興趣的東西發表負面的評價，不要居高臨下地提醒別人為什麼不選擇更精緻的活法。

如果你的選擇被證實是「對的」，不要「秀」給那些選錯的人看；如果你的玩具不想分享的時候，不要「秀」給那些沒有這種玩具的孩子看。

希望所有人都能記住：

「關係好」不等於「什麼都可以說」。

「他生氣了」不等於「他開不起玩笑」。

「我不是故意的」不等於「你沒錯」。

「我沒有惡意」不等於「能夠避免產生傷害」。

希望在我們共用的世界裡，形成一種「我沒去惹你，你最好也別來惹我」的默契。

02

有個主持人，在很小的時候和媽媽一起去拜訪一位富貴人家。吃飯時，女主人用鮑魚、海參、魚翅來款待他們母子倆。那是主持人第一次吃魚翅，他驚嘆道：「哇，真好吃，阿姨，這是什麼東西啊？」

女主人微微地笑道：「這是冬粉。」

說完又盛了一大碗給他，並對他說：「喜歡吃，就多吃一點。」

後來，這個主持人成名之後去參加了很多飯局，他發現每次上了什麼名貴食材，請客的主人往往都會大肆地向他宣傳：「這是神戶牛肉，這頭牛每天要做按摩、聽音樂，很稀有的，每斤要好幾千呢！」

主持人總結說：「這就是有教養的有錢人和沒素質的土豪的區別。有教養的人拿好東西招待你，是發自內心地想讓你吃好喝好，讓你高興，而沒教養的人他只是想讓你領他的人情罷了。」

有人向學長請教問題，學長耐心地聽完之後，反過來問：「我能不能傳語音訊息？」在得到允許之後，學長才回了很多則語音訊息給他，並且每則都不超過二十秒。

學長作為提供幫助的一方，還能時刻尊重並且考慮請教者的感受，這就是有教養！

有人因為老公的博學而驚嘆「你太厲害了，連這個也知道」的時候，老公的回答是：「我只是比你早一點知道而已，現在你不也知道了。」

一個知識遠比你淵博很多的人，在回答你問題的時候，不會讓你覺得自己是個笨蛋，這就是有教養。

幾個大男人酒足飯飽之後，走在大馬路上醒酒，邊走邊聊天，路上的車子和行人很少。見對面來了一個女生，其中一個人馬上提醒大家：「我們小聲靠邊走，別嚇到了那女生。」

即便是到了半醉的狀態，有的人還是會下意識地照顧別人的感受，這就是有教養。

有個女拍賣師在成為拍賣師之前，曾陪一位親戚去過一家拍賣行。親戚的「寶貝」被好幾個拍賣師鑑定為贗品，沒少挨這些拍賣師的嘲諷，但親戚並不死心，因為他花了很大一筆錢。所以親戚又去見了一位拍賣師，這個拍賣師很認真地查驗了一遍，結論依然是「贗品」。但他沒有因此嘲笑親戚，而是給他提了建議，並耐心地倒水給他，還講解了珍藏的常識，之後，又很恭敬地把他們送到電梯口。

後來，這個女孩也成了拍賣師，她說：「做了這一行才知道，為什麼那些專家這麼冷漠和不耐煩。因為每天有很多人從天涯海角趕來，但九十九％都是上當受騙的可憐人，帶來的東西一文不值。」但她不會因此就瞧不起任何人，因為她始終記得，自己曾被人禮貌地對待過。

我理解的「教養」，就是臉上和心裡時時帶著尊重，又不輕易被人察覺；就是讓別人覺得很舒服，同時自己並沒有受任何委屈。

和有教養的人相處是什麼體驗呢？

就是他從不把優越感寫在臉上，不會炫耀自己有什麼成就，過著什麼樣的生活，見識過什麼樣的人，因為他不需要通過貶低別人來墊高自己。

就是跟他相處時，你會覺得「這個人真好」，同時你也會覺得「我也滿好的」。就是他讓你覺得很安全，因為他不傷人，也不自傷；因為他不製造麻煩，也不麻煩別人。

就是做事的時候，很自然地，不讓人家產生壓力，就是讓每個靠近他的人都很舒服。就是即便他在高談闊論，你也不會覺得他虛偽；即便他有情緒，你也不會覺得他矯情；即便是講私密的話，你用不著對他防備。

就是你對他好，他會溫柔地回應；你為他著想，他會善意地回應；你點到為止，他會心領神會。

就是他會表達關心，但不會介入；他會試著理解，但不會假裝認同。

教養與一個人的年齡、身分、地位、性別無關。正值花樣年華的人群當中也有讓人生厭的妙齡女子，身材佝僂的老者也可以是彬彬有禮的君子。

怕就怕，有的人走到哪裡都能為人帶來快樂，而有的人只有走了，才能為人帶來快樂。

03

如果有人要我推薦一本能提高個人教養的書，我一定推薦哈波．李的《梅岡城故事》。

在談到「尊重人與人的不同」時，書裡說：「有些人吃飯習慣和我們不一樣，可是你不能因為這個在飯桌上給人家當面提出來。那個男孩是你們家的客人，就算他要吃桌布，你也隨他的便。你聽見了嗎？」

在談到「感同身受」時，書裡說：「你永遠也不可能真正瞭解一個人，除非你站在他的角度考慮問題。除非你鑽到他的皮膚裡，像他一樣走來走去。」

在談到「交談的話題」時，書裡說：「與人交談的禮貌做法是談論對方感興趣的事情，而不是大談特談自己的興趣點。」

有教養不等於討好和取悅，因為教養是一種不卑不亢的姿態。有教養也不是要演給誰看，因為教養既是人前的自我約束，更是人後的自我要求。

一個有教養的人大概是這樣的：

不鄙視弱者，不仰視強者，與晚輩或者下屬交談時也風度翩翩，在國王身邊也平易近人。

不當傳聲筒，不會加油添醋，別人告訴自己的事情一定會守口如瓶，傳達他人的觀點不會加油添醋。

既尊重別人，也尊重自己。沒有什麼「一定要按照我說的來」，也沒有什麼「全都聽你安排」，更不會允許別人用「他個性就這樣，習慣了就好了」來道德綁架自己，因為在他看來，如果只能這麼不舒服地相處，那不如不相處。

絕不會嘲笑別人的傷疤和不堪的過去，因為他明白，那是自己沒有經歷過的痛。

遭到拒絕也不會生氣，因為他明白，沒有人必須為自己做什麼，不能把別人的幫助視為理所當然。

遭遇不公也不會逢人就抱怨，因為他明白，無論是個體還是群體，自己的待遇都是源自自己在某個方面擁有的獨特優勢，或是能力，或是財富，或是權利，或是影響力。

不喜歡就直接明確地拒絕，因為他知道，不能白嫖對方對自己的付出，不能利用他人的感情來滿足自己的虛榮。

總結來說就是，窮不怪父母兄弟，苦不怨生活坎坷，氣不遷怒無辜的人，敗不歸咎於時運不濟。

04

有人私訊我：「在一個沒教養的小圈子裡，教養有用嗎？」

他又補充了幾句：「我在生活中遇到很多有教養的人，他們讓人如沐春風；也遇到過很多粗魯野蠻的人，我覺得他們帶給了別人痛苦，但他們卻得到了別人的忍讓。所以我很困惑，教養有用嗎？」

我回覆他：「別人再怎麼不是個東西，也不該成為你不是個東西的理由。」

他追問：「我確實受不了那些沒教養的人，但生活中又不得不跟人打交道，這可怎麼辦呀？」

我回：「允許自己『受不了』，也允許自己『還得跟他們打交道』。成年人之間的看透，也許不是擺到檯面上的一刀兩斷，但一定會從心裡劃清界限，永不信任。」

有教養的人一定要主動去維護有教養的環境，因為有教養的環境特別需要你的堅守，以及你的優秀，這真的非常重要。

如果某個環境允許人品差的混得很好，那麼人品好的人就難免過得很糟糕；但如果這個環境讓人品好的人過得更好，那麼人品差的人就很難待得下去。

我們會自然地想要靠近人品好的人，我們會自然地想要支持有教養的人，我們也會本能地想要逃離沒教養的人。

人品好的人，他的心靈自帶衛兵，這些衛兵既可以為他守住原則，監督他不要胡作非為。

而人品不好的人，即便你跟他一起穿開襠褲長大，即便他說愛你愛到了骨子裡，但他的沒擔當，他的推諉賴皮，他的優柔寡斷，他的倒打一耙，都會讓你吃不完兜著走。

切記，當面對你發火的人可能是因為性格，但在背地裡陰你的人一定是因為人品。

做人吶，不怕豺狼當面坐，就怕人後兩面刀。

最後想對某些討厭鬼說，如果有一天，你被我封鎖了，不用急著解釋，我不是不同意你的觀點，我只是單純地討厭你這個人。

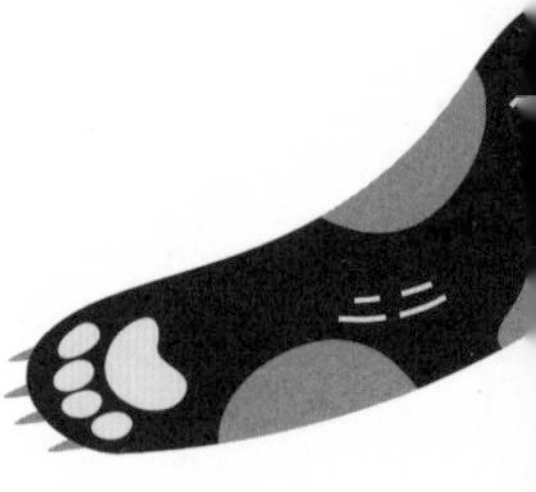

Part 5

上香和上進有衝突嗎？

吞噬一個人野心和夢想的，不是命運的驚濤駭浪，而是那些極其普通、毫無波折的日子，比如「好像不用太努力，日子也可以呀」，比如「好像就這樣混下去，也沒什麼問題啊」。

而努力的意義，不是為了被認可、結人緣、被讚美，而是為了累積能量去換取自由，包括但不限於：選擇的自由，拒絕的自由，保持本色的自由。

1 殺死拖延症：你可以摸魚，但不能真的菜

Q：上香和上進有衝突嗎？

01

很多人每天都在重複這四個階段：

一、我今天要做很多事，嗯，我可以的。

二、我一下就能做很多事，嗯，先玩一下再說。

三、我晚一點還是可以做很多事的，嗯，不著急。

四、啊，完蛋了，明天再說吧。

是的，你每天確實是可以做很多事，只要這些事不是你打算馬上去做的。

收到任務時，你看一眼就放在一旁，然後，你過目就「忘」了。

等想起來時，你的心「咯噔」一下，再然後，你一邊罵著安排任務給自己的人喪心

病狂，一邊怪生活不懂憐香惜玉。

你總覺得明天還來得及，所以大大方方地荒廢著今天，然後百無聊賴地等著明天。但心態上並不輕鬆，你自己跟自己耗著，情緒上、行動上，想做又不敢做，又不甘心不做，猶豫、糾結，但始終在原地踏步。

結果是，你沒有任何行動就已經累得死去活來。

你想改變嗎？當然想。

不然你的「我的珍藏」裡也不會有那麼多的「五招教你擺脫拖延症」、「二十天養成自律」之類的東西。

不然你也不會總是羨慕那些「說起床就起床，說睡覺就睡覺，說做事就做事，說收心就收心」的人。

不然你也不會總想模仿那些跟自己出身一樣卻功成名就的人。

但做點什麼呢？

你知道，但不想動。明明心裡很著急，但身體還在玩手機。

更糟糕的是，你玩手機也沒什麼心思，但馬上去做事，卻也提不起精神。

反正就是什麼都不想做，就想在床上、沙發上懶著。心裡急得不得了，滿腦子都是毫無進展的工作、毫無頭緒的問題、毫無辦法的麻煩，但就是不想起來做點什麼。

如此說來，不是你不給力，而是你已經燃燒殆盡了。

人吶，最怕的就是清醒地墮落。什麼都明白，但什麼都沒做；有壓力，但沒有動力；不滿現狀，但又維持著現狀。每天都在臆想，在焦慮，在著急，但每天都在浪費時間，在猶豫不決，在不知道做了什麼。

結果是，什麼都想要，什麼損失都不能接受，什麼都沒做，什麼都沒得到。

一個善意的提醒，一直停在原地的話，麻的不是腳，而是腦子。

02

有人發了一則動態：「誠徵一個殺手，把刀架在我的脖子上逼我讀書，但不能真殺。」

我被「不能真殺」給逗笑了，就問她：「應徵條件是什麼？」

她說：「有刀就行。」

她今年大三，在準備考研究所，她考大學時發揮得不理想，錯過了最想去的大學，她想用考研究所再為自己爭取一次。

她說：「每隔幾天，我媽就會提醒我『別太拚命了』，而我只會覺得抱歉，因為我知道，我『拚命』的完整過程是：大清早去圖書館占位，然後拿出一堆書、資料和電腦，然後戴上耳機、準備好咖啡，然後掏出手機愉快地玩好幾個小時……」

「偽勤奮」是很普遍的現象，最突出的表現是，以「我在準備」的名義無限期拖延，以「不夠完美」為理由而什麼都沒做，再將大量的時間浪費在最容易完成的環節上，還到處炫耀自己有多拚命。

比如讀書，強迫自己熬夜，強迫自己第一個到教室、最後一個出教室，強迫自己邊吃飯邊看書。

比如備考，整天曬自己寫完了多少枝筆，買了多少本練習冊，以及惡劣天氣也去了自習室。

比如要寫一篇論文，去圖書館無數次，開電腦無數次，問老師無數次，但論文還是沒有動筆。整天看起來都在忙，但實質上毫無進展。

這個世界運行的規則之一是：越做就越簡單，越想就越麻煩，越拖就越想放棄。

想要堅持做某件事情，你要減少做這件事的阻力。

比如考研究所，你不要想著「一年背一百本書」或者「三天學完一本書」，你就暗示自己「每天拿起書來翻幾頁」。只要你能想著在某個時段拿起書，那麼少則十幾頁，多則半本。

比如寫東西，你不要想著「今年要寫一本長篇小說」，或者「五個月寫十萬字」，你就提醒自己「每天敲幾行就行」。只要你開始寫了，那麼動輒三五百字，多則幾千字。

比如跑步健身，你不要想著「一個月瘦十公斤」，或者「半年就參加馬拉松」，你就提醒自己「每天跑一跑」。只要你開始跑了，那麼少說三公里，多則十公里。

怕就怕，你夢想重重，卻又總是無動於衷；你野心勃勃，卻又終日無所事事。

喜歡拖延是什麼感覺呢？

就像是，你想要乘船去往某地，但又擔心船到不了那個地方，於是你一隻腳踩在船上，一隻腳踩在碼頭上。你就這麼一直站著，一會想著那個地方的風景迤邐和這段旅程的妙不可言，一會想著路途遙遠和這一路的顛沛流離。

結果是，你既無法徹底放棄那個想要去的地方，又無法下定決心上船就走，只能任由時間、精力、機會白白地浪費了。

心理學上有個詞，叫「走道原理」。大致意思是，走道裡的感應燈通常是不亮的，但人們都希望等燈先亮了，看看什麼情況，再往前走。可現實是，如果不往前走，沒有達到相應的位置，那麼燈就不會亮。

這世上真的有些事，是你以現在的視野和能力所無法看清的，你必須先走兩步。

先起步，再調整呼吸；先起飛，再調整姿勢。路雖遠，行則將至；事雖難，做則必

成。

03

我們曾經抱著僥倖做的蠢事、偷的懶、犯的傻，當時覺得「問題不大」，但其實會在很久之後嘗到苦果！

就好比說，很多人通宵趕作業只是因為放假的時候一個字都沒寫，很多人拚命減肥只是因為平日裡沒管住嘴巴，很多人分手了非常懊悔是因為在一起時沒有用心地陪。外人看他們此時的反應，還以為他們是勤奮，是自律，是一片癡心，但他們自己知道，痛苦都是罪有應得。

在該勤奮的時候選擇懶惰，那麼懶惰不僅會變成你的性格，還會讓你失去朝氣蓬勃的面孔，讓你喪失對生活的熱情，讓你丟掉野心，讓本可以美好的生活亂得不可收拾，讓本應該光明的未來變得黯淡無光。

在「做得到」和「做不到」之間，還存在著大量的「能做到，但是會很累」和「能做到，但是有點煩躁」以及「能做到，但看見哪個誰就不想做」。

在該堅持的時候選擇「算了」，那麼「算了」就會像一道聖旨，可以大赦天下，當然也包括自己這個「逃兵」。可是，然後呢？

然後，生活會默默地、一次一次地把你逃避掉的問題儲存起來，到關鍵時刻給你憋出一個你根本就招架不住的大招。

所以我的建議是，別讓生活止於「準備」，別讓財富止於「夠花」，別讓夢想止於「我行嗎」。

但凡是自己想做的事，要多想想「從哪裡著手」和「先做了再說」，不要總是盤算「會不會被人取笑」和「萬一白做了呢」。

很多時候，吞噬一個人野心和夢想的，不是命運的驚濤駭浪，而是那些極其普通、毫無波折的日子，比如「好像不用太努力，日子也可以呀」，比如「好像就這樣混下去，也沒什麼問題啊」。

如此說來，命運選擇給某某好運氣，並不一定是他有多優秀，而是他在遇到問題時，沒有躲。

04

很多人都有「超能力」，可以把早餐變成午餐，把一天變成半天，把這個星期的事情變成這個月的事情，把寫在筆記本上的「今年計畫」變成一本用過的筆記本。

為什麼你喜歡拖延？

因為你總覺得還有時間。即使事情已經拖到了最後一天，你仍舊盲目地相信自己一定能及時完成。

於是，星期一要交的東西，有的人拖到了星期天的晚上才開始著急，有的人則是拖到星期一的早上瘋狂用功。

因為你總是急著要結果。事情還沒開始做，就幻想做完了就能變得多厲害；看了幾頁書，就想著能變學霸；熬了幾個夜，就幻想自己馬上就能飛黃騰達……這些錯覺讓你越來越浮躁。

結果是，你一遇到難題就怨天尤人，一有不如意就大喊「人間不值得」。

因為你真的不喜歡這件事情。你會反覆糾結：「為什麼要安排給我啊？就這種破事也要找我嗎？哎，煩死了！」

你覺得它煩，你就會不自覺地選擇逃避，因為「逃避一時爽，一直逃避一直爽」。

因為你感覺這件事情很難。你擔心「我可能做不好」、「做了大概也是白做」、「反正還得重做」。

你將大部分的意志力都用在想像困難上，那你自然就沒心思去執行這項任務了。

因為你不是真心覺得「著急」。比如婚姻，只是身邊的人讓你覺得它很急，但你並不覺得，你自然就不會急著找對象。

比如背單字，只是室友天天早起去背，而你並不覺得那有什麼用，你自然就堅持不了幾天。

人性就是這樣，在欲望上急於求成，卻在行動上避難趨易。

我想提醒你的是，認知能解決「知不知道」的問題，野心能解決「想不想要」的問題，勇氣能解決「敢不敢」的問題，唯有行動才能解決「有沒有結果」的問題。行動是產生結果的唯一方式，可惜的是，大多數人在想的過程中就已經消耗了百分百的精力。

05

很多人所謂的「順其自然」，只是什麼都不做，什麼都不爭取，等到原本容易解決的麻煩變成「沒辦法了」，原本有可能完成的任務變成「來不及了」，原本充滿希望的「我可以」變成無奈的「我本可以」，然後改口說，「這就是命」。

嘖嘖嘖。

生活還是挺難的，一句「加油」就能解決的問題不多。

那麼，如何殺死拖延症呢？我總結了十個方法：

一、數到三。

當你想做一件事情的時候，從一數到三，數到三的時候馬上去做。比如鬧鐘響了，數到三馬上起床；比如晚上想早點睡，數到三馬上躺下。

這就像很多媽媽在面對不聽話的孩子時講的那句：「我數到三，一、二、三。」

二、來點儀式感。

人做什麼都需要有點儀式感。情人節送一束花，週五晚上看一部電影，讀書時泡一杯咖啡，等等，都是儀式感。開始一項任務、準備做某件事情之前，你也可以來點儀式感。

比如我，在開始寫東西之前，會拍腦袋三下，這個儀式感就相當於在提醒我的大腦：「我要開始戰鬥啦，請你迅速準備好！」

三、停止空想。

想的時候，你對事情的認知就像水母，看起來很大，但其實很簡單；但做的時候，你對事情的認知就像麻雀，看起來很小，但其實很複雜。

四、不要浪費好「狀態」。

要趁著沒生病、不煩躁、事不多的時候，開足馬力去做那件緊迫的事。因為生病的時候，你可以理直氣壯地拖；煩躁的時候，你可以名正言順地拖；事情多的時候，你可以問心無愧地拖。

五、不要等到某個時間點才開始。

拖延症最明顯的特徵是：不到整點不做事。但我想提醒你的是，上午八點十六分是可以開始讀書的，晚上十點零九分是可以睡覺的，不是整點，你也可以開始執行。

風箏不一定要春天才能放，海邊不一定要夏天才能去，不是最好的時節，你也可以做你想做的事情。

怕就怕，你最靈氣逼人的時候只是在十幾歲的時候。但那個時候，乍現的天賦與覺醒的熱愛最終都被無聲地磨損在無數個「以後再說」裡。

六、擁抱不確定性。

需要別人承諾「一定能行」才去做事的人，註定一輩子都會一事無成。因為這個世界根本就不存在「做了……就一定……」，只存在「做了……才有可能……」

任何時候、任何事情、任何人都不具有百分百的確定性，所有未來只有在發生時才是百分百確定的。

七、嘗試一次做好。

不管什麼事情，都要抱著一次做好的決心。即便最後可能會修改，甚至可能會被推翻重做，但如果你懷著一次做好的決心，你就會進步神速。反之，如果你因為會被修改、會被否定，就隨便提交一個糟糕的答案，然後坐等別人的「最終判決」，那結果只會是：別人真的覺得你好菜。

八、做好眼前的事。

不要把人生目標都順延到很遠的將來，因為人是會變的，時時刻刻都會冒出新想法。所以真正值得思考的，是「現在要做什麼」。

你想環遊世界，但今天最要緊的事情是下班之前把這個方案敲定；你夢想登上火星，但今天的目標是「不生氣」；你幻想成為億萬富翁，但中午的目標是「好好吃飯」。把眼前的小事做好了，你就能得到及時的正向回饋，就會不斷地累積「我贏了」的微妙感受，你就有足夠的熱情和自信繼續下去，而不是站在起點遙望終點，然後望而卻步。

九、抓住那些「突如其來的念頭」。

這個真的特別重要。當某個問題冒出來時，第一時間去搜尋它的答案；當一部電影、一部紀錄片、一個人物激起你的興趣時，立刻去瞭解它；當腦海裡閃過「我得努力」時，馬上去學習、看書、寫題目、工作。

十、反覆確認目標。

你想有一個好看的體型和健康的體魄，你就能日復一日地在跑步機上碰碰碰的跑，而不是因為你能忍受流血流汗的辛苦。

你一心想著考上那所大學，你就能沒日沒夜地寫題目，而不是你因為你能好幾個小時一動也不動地坐在那裡。

也就是說，耐心不是毅力帶來的，而是目標帶來的。

希望有一天，你可以驕傲地說：

那不是我夢想中的大學，那是我的大學。

那不是我理想中的工作，那是我的工作。

那不是我嚮往的生活，那是我的生活。

努力的意義，不是為了被認可、結人緣、被讚美，而是為了累積能量去換取自由，包括但不限於：選擇的自由、拒絕的自由、保持本色的自由。

2 永遠不要讚美苦難：我們磨練意志，只是因為苦難無法躲避

Q：順境和逆境哪個更有利於成長？

01

還記得新聞中那個陪丈夫撿了十多年垃圾的七旬老媼嗎？她走了幾萬里路，吃了無數的苦。但被曝光之後竟然有人歌頌道：「愛他，就陪他一起撿垃圾。」說得就好像撿垃圾是多麼浪漫的事情。

還記得那首名為〈感謝你，病毒君〉的詩嗎，詩中寫道：「我要感謝你，病毒君，因為你讓我看到了一種甘露叫眾志成城……」說得就好像沒有病毒就沒有美好生活、沒有這場瘟疫就沒有人類的團結、沒有傷亡就沒有醫務工作者的敬業一樣。

還記得那個被網友稱作「冰花男孩」的留守兒童嗎？他上學要走一個多小時的山

路，那天的氣溫降到了攝氏零下九度，他的頭髮和眉毛掛滿了冰霜，就好像是盛開的冰花一樣。他凍得滿臉通紅，而且皮膚有明顯的裂痕，卻有無數網友留言說「逆境鍛煉人」。

可事實上，他是因為沒有足夠的禦寒物品，沒有保護皮膚的產品，他不想勵志，但他沒有辦法。

還記得那個騎著三輪車的可憐男人嗎？他的爸爸媽媽很多年前就去世了，他的妻子因為難產也在十一年前走了，陪著他的只有一個因為吃錯藥而變成傻子的弟弟，和一條已經日漸衰老、隨時都可能死去的老狗。

他每天面帶著微笑，用力地踩著三輪車幫人送木材，以此謀生，卻被很多人點評道：「這就是活著的意義」、「這就是生命的價值」。

卑微如塵土，怎麼就成了活著的意義？

命途多舛，怎麼就成了生命的價值？

明明是身不由己，為什麼要大肆歌頌？

明明是一場悲劇，為什麼要被曲解為勵志劇？

苦難或許有很多原因，對於當事人，你可以心生憐憫，可以施以援手，但唯獨不能把他們的苦難拿出來把玩，甚至是歌頌，這很缺德。

貧窮是什麼？是「真的沒招了」。苦難是什麼？是「實在躲不開」。

把苦難的日子渲染成人生的補藥，將千瘡百孔的傷口描述成燦爛的花，還美其名曰「正能量」，卻從來不肯想一想：如果不是被生活所迫，誰願意以撿垃圾為生？誰願意馱著幾百斤的貨物？誰願意頂著寒風去上學？誰願意「身殘志堅」？

感謝貧窮、讚美苦難，就像在表揚一個失業工人的勤儉節約，就像稱讚一個農民的艱苦樸素，這是毫無意義的。

人本來就不是能吃苦的生物。糟糕的經歷只會讓人變得自卑、敏感、沒安全感，大大降低你對工作的熱情、對未來的期待、對世界的好感。

不要用「吃了多少苦」來界定成長，痛苦帶來的成長是不值得感謝的。值得感謝的成長，它可以是辛苦的，但不該是痛苦的。

覺得人必須吃苦才能變得高尚、變得崇高，這種想法不僅有害，而且有病。

所以奉勸諸位，做人別太裝腔作勢，以免久了，忘了人話怎麼說。

02

有個女孩，和男朋友相戀了八年，卻慘遭男朋友的背叛，她痛苦了很久，後來埋頭苦學，終於創辦了自己的品牌，活成了人生贏家。

在慶功宴上，女孩說：「我很感謝當年經受的苦難，如果不是男朋友背叛了我，我可能還是那個一直依賴男朋友的小女孩，絕對不可能有今天的我。」

有個男孩，他成績優異，考上了很優秀的大學，卻因為突發的意外導致雙腿癱瘓，他從志得意滿變得鬱鬱寡歡。他一度覺得人生渺茫，但他很快就重新振作了起來，他嘗試將自己的遭遇和感受寫成小說，最終贏得了廣泛的讚許。

在新書的發表會上，男孩說：「我很感謝這些年所經歷的苦難，因為它成就了另一個更好的我！」

在所有「感謝苦難」的故事模式中，劇情不外乎某某的人生遭遇了重大變故，在巨大的痛苦面前，他們非但沒有被打敗，反而還成就了一番事業。於是他們「感謝苦難」。這沒什麼問題。

有問題的是，很多人習慣性地將苦難的降臨說成是催人奮進的動力，把一個個悲慘的故事硬生生地說成了一曲曲苦難的頌歌。

面對同樣的苦難，絕大多數人只是深受打擊，從此消沉，只有極少數人才能戰勝苦難，逆襲成功。這說明，使人蛻變的力量是根植於人的內心，而非根植於苦難本身。

苦難就像牛糞。牛糞上能長出鮮花，那是鮮花自己美，牛糞依然是牛糞。我們不能因為鮮花好看，就去讚美牛糞。畢竟，在原野上、在湖畔邊、在山澗裡，都可以長出鮮花。

感謝苦難，就像是在感謝魔鬼。但你要明白，讓你變好從來就不是魔鬼的目的，它只負責殘忍地傷害你，而負責逃生或者涅槃的是你自己。

你該讚美的，是走出苦難的努力，是面對苦難的勇氣，是對苦難的反思，是「窮且益堅，不墜青雲之志」的決心，是「天行健，君子以自強不息」的堅韌。

苦難就是苦難，無論你為苦難冠上多麼美好的形容詞，也改變不了它糟糕的本質。人們磨練意志，只是因為苦難無法躲避，不是因為它意義非凡。

真正能為你撐腰的，從來不是你吃的苦頭，而是豐富的知識儲備，足夠的經濟基礎，持續的情緒穩定，可控的生活節奏，以及永不言敗的你自己。

03

兩千多年前，司馬遷寫了一篇〈報任安書〉，他說周文王被拘禁，所以寫出了《周易》；說孔子因為困窘，所以寫出了《春秋》；說屈原被朝廷放逐，所以留下了千古名篇〈離騷〉。

說的就好像是因為有了那些悲憤的經歷，才成就了他們的傳世之作；就好像某個人是因為窮困潦倒，是因為吃了足夠多的苦，才會脫胎換骨，才會在人生的某個關口突然迎來轉機；就好像一個人的所有的成就都是由他人生中的諸多不幸兌換來的，就好像只要一個人經歷了足夠的苦難，成功就會匍匐在他腳下。

但事實是，周文王在被捕之前，就已經是個大智大慧的人；孔子看似不受待見，但實際上官至極品；屈原即便沒寫〈離騷〉，也有無數的文字流芳百世。

學生時代的我們，都曾寫過「歌頌苦難」或者「關於逆境」的作文，我們無數次地提及貝多芬、愛迪生、中國殘疾人作家張海迪……

說得就好像貝多芬是因為喪失了聽力才扼住了命運的喉嚨，就好像愛迪生是因為頻繁的失敗才有了無數的發明，就好像張海迪是因為疾病才有了頑強的意志。

但事實上，這些能夠逆襲人生的只是個例，有無數人因為喪失聽力只能過著糟糕的人生，有無數人因為身體的殘缺只能悲催地過一輩子，有無數的有志青年因為失敗的打擊從此一蹶不振。

痛或者苦，是我們的神經發出的訊號，它告訴我們：「現在的狀況對你有害。」

如果說「痛苦使人偉大」，那無異於在說，「危險訊號使火車高尚」。

如果僅憑厄運、委屈、憤懣，就能激發出超凡的才華，那大家還讀什麼書？學什麼習？努什麼力？直接把人抓去坐冤獄不就好了？

不管是因為什麼緣故，也不管是落在誰的頭上，苦難意味著當事人承受了巨大的痛苦，能在苦難中存活下來乃至做到逆襲，這樣的人少之又少。

他們就像小說裡的主角，無比幸運地做到了「置之死地而後生」，就像張無忌跌下懸崖，終於練就蓋世神功；就像小龍女跳下絕情谷，終於解了情花之毒；就像楊過斷臂之後，終於練成了黯然銷魂掌⋯⋯

但你要明白，這些只是小說裡的橋段，現實中人根本就沒有主角光環，跳下懸崖，非死即殘。

就像作家林奕含所說：「我寧願大家承認人間有一些痛苦是不能和解的，我最討厭人說，經過痛苦才能成為更好的人，我希望大家承認有些痛苦是毀滅性的。」

反正我的個人偏見是：如果沒有遇到那些不好的人和事，我們其實會過得更好。而一直過得好的人，更容易成為好人。

04

既然苦難不值得讚美，那為什麼那麼多人都在宣揚「吃得苦中苦，方為人上人」呢？

因為我們吃了那麼多苦，虛擲了那麼多的青春，走了那麼多的彎路，碰了那麼多次壁，為了讓自己能夠坦然地接受這些辛苦、虛度和迷惘，我們就要騙自己，說「痛苦的經歷是崇高的」，說「所有的曲折是值得的」，說「沒有白走的路」，我們想方設法地將自己受的苦、吃的虧、走的彎路合理化，這樣才能暫時逃離「無法掌控命運」的無助感，才能將自己從「人生怎麼這麼苦」的消極情緒裡拉出來，才能讓自己稍微好過一點。

但是，當你沒有創造價值、沒有解決問題、沒有提升能力的時候，你所謂的「吃苦」，就像是在一片漆黑之中對喜歡的女孩拋媚眼，不過是自欺欺人罷了。

再說了，苦盡不一定甘來，吃苦和享福之間沒有必然的關聯。好運氣不會因為你遭受過厄運、歷經了挫折就必然降臨在你身上，那些有用的知識、技巧也不會因為你四處碰壁就歸你所有。

人生有很多事情是不用體驗的，尤其是吃苦。不是非得給自己安排一個糟糕的環境或者創造一個艱難的處境，你才能成才。

種子在合適的溫濕度才會發芽，人更是如此。如果外界環境惡化了，卻依然要求自己保持成長的速度，這是不合理的。環境不合適，要嘛停下來，要嘛離開。不在寒冬折騰消耗，才有可能等到春暖花開。

切記，我們努力不是為了跳出舒適圈，而是為了擴大舒適圈。

真正發揮作用的「經驗」，是你做對了一次，成功了一次。

比如，籃球打得不錯的人，一定是某次投籃命中的感覺很爽；短影片做得有模有樣的人，一定是某支影片紅過一次；在某個領域混得風生水起，一定是你的某個方法發揮作用了，你因此得到了表揚、漲了薪水或者搞定了別人搞不定的問題。

所以，不管是交友、打球、玩滑板，還是考試、賺錢、開公司，你都要爭取體會一次「成功的感覺」，你才能真正地入門。人只有成功一次，才更容易成功第二次、第三次……

換言之，失敗不是成功之母，成功才是成功之母。

真正有意義的「吃苦」，是你首先確定了那個「水多的地方」，然後在那個地方拚命挖井。在這個過程中，你放棄了純粹的娛樂，放棄了無用的社交，放棄了不切實際的幻想，忍受了旁人的不理解、不支援，接受了不被關注和不被關心，變得更有耐心，更有韌性，更能忍受孤獨。

而不是以穿越了沙漠為榮。

不管做什麼，你的最終目的是獲得幸福。如果你做一件事情背離了這個初衷，你就

需要審視自己。

3 我的珍藏的意義：你在動態裡又佛又emo，卻在我的珍藏裡天天向上

Q：為什麼你的我的珍藏永遠在長灰塵？

01

每次看到「我的珍藏」四個字，我總能想到倉鼠這種「小可愛」。作為著名的吃貨，倉鼠無時無刻不在囤積食物，隨著鼓起來的腮幫子和肚皮，牠的「鼠生」似乎也因此擁有了更多的安全感。據說這種體重幾百克的野生小傢伙，囤積的食物能達到牠自重的近千倍。

不知道從什麼時候開始，倉鼠將這種「酷愛收集的毛病」傳染給了人類。跟倉鼠不同的是，我們囤積的不是食物，而是各種網址、短影片、圖片、段子、文章……我們樂此不疲地將各種各樣的資訊塞進了各種各樣的APP我的珍藏裡，像極了一隻數據倉鼠。

「這個寫作技巧不錯，趕快珍藏！」
「這份健身指南不錯，趕快珍藏！」
「這個旅遊攻略不錯，趕快珍藏！」
「這十本你可能沒看過的好書，值得一看再看，趕快珍藏！」
「利用好這八款 APP，你會變得越來越強，趕快珍藏！」
「五百元以內讓生活品質飆升的好東西清單，趕快珍藏！」
「整理幾個自學網站給你！讓你也成為一專多能無缺陷的斜槓青年，趕快珍藏！」
「兩百一十三個頂級風景區，存起來吧！去過十個算你厲害，趕快珍藏！」

久而久之，你在動態裡又佛又 emo，卻在我的珍藏裡天天向上。

「按讚珍藏」或者「立 flag」的那個人，其實是「理想的自己」。

這個「理想的自己」，是能做到早睡早起、做事不拖延、工作學習高效率，是能夠把我的珍藏的內容利用得很好，並最終掌握某項技能，實現預期目標，完美地完成所有計劃的。

但真正執行的卻是「現實的自己」。

這個「現實的自己」很可能是懶惰的，是喜歡拖延的，是缺少專注的，是容易情緒化的。一旦這個「現實的自己」受挫了，厭倦了，情緒不佳了，犯懶了，就會偷懶，就容易健忘，就會習慣性地拖延，直至完全放棄。

結果是，越來越大的儲存容量在毀掉值得一看的影片和照片，越來越便捷的我的珍藏功能在毀掉值得一閱的文章，越來越高的書架在毀掉值得一讀的書籍。

因為「存起來」會造成「我擁有很多」的錯覺，「珍藏起來」會產生「我已經學會」的錯覺，進而導致了永久性的看不見、想不起、找不到。

02

為什麼我們喜歡「珍藏」？

因為「珍藏」有很強大的「安慰」效果。

當你想要變好的時候，珍藏有關讀書、健身、技能、美白的影片，會讓你覺得自己馬上就能變好了。

當你受挫的時候，珍藏那些勵志的句子、熱血的演講，會讓你重燃信心。

當你被某人欺負之後，看到一篇解恨或者豁達的文字，會讓你瞬間釋懷。

當你覺得無聊的時候，珍藏一些趣味性很強的文章或者生動的影片，會讓你覺得自己變有趣了。

「明知道不會再看，但還是會大量地珍藏」，和「明知道很難實現，但還是會頻繁地立flag」的心理是一樣，都是在騙自己。因為這個行為會給你帶來滿足感、成就感、獲得感，所以你會如此癡迷地重複這個自欺欺人的過程。

你在堆滿乾貨的書籍和文章連結裡得意洋洋，彷彿自己已經掌握了這些乾貨，甚至會產生「我已經處於文明最前端」、「我已經通曉所有的真理」的錯覺。

但接下來，你心安理得地點開了另一支幽默有趣的搞笑影片，至於剛剛珍藏的乾貨教學，「下次再說吧、有空再看吧」，反正已經珍藏了，這就足以給你帶來一種「明天會更好、前途很光明」的錯覺。

我的珍藏就像一座「冷宮」，再好的知識、再有用的方法、再有趣的段子，一旦被你「打入」，你就很少再去逛了。

你的我的珍藏裡存了滿滿的文章連結，而這些連結自己從來沒有打開過，珍藏的書也沒有找出來讀過，打算看的電影也依然被各種綜藝和影集替代著。唯一能夠堅持到底的健身項目，大概就是珍藏各類健身影片。

結果是，你陷在了「按讚珍藏——自我滿足——閒置長灰塵」的封閉循環裡。

人性就是這樣，一旦看到好東西，就會很興奮，但又不確定自己「用不用得到」、「弄不弄得懂」、「看不看得完」，所以不管三七二十一，直接塞進了我的珍藏裡，當時的心裡話是「有時間再看」或者「萬一將來有用呢」。

即便後來真的點開了，也會發現它跟自己想像的完全不一樣。

珍藏了如何搞定心智圖的文章，可讀完還是雲裡霧裡，無法為工作學習所用。

珍藏了如何建立知識體系的文章，可關閉後才發現自己連如何獲取知識都一無所知。

珍藏了 office 技巧，但十有八九都是用不著的，真要用的時候，根本就想不起來曾經珍藏過。

我們常犯的一個錯誤就是：總以為來日方長。於是，你把很多美好的計畫束之高閣，然後安慰自己「有時間了一定……」、「下次一定……」，可是你好像永遠也等不到「有時間」和「下次」。

你珍藏了各種養生調理指南，卻並沒有停止熬夜加班；你想著忙完這陣就可以喘口氣，好好照顧自己，但事實上，等忙完這一陣，就要開始忙下一陣。

那個珍藏了一堆書單的、上進的你，臨睡前滑完手機時間就不多了，只能把閱讀計畫往後延。

那個珍藏了各種精美食譜的你，每天上班前一陣忙亂，下班回家只想躺著，只能把計畫往下週拖。

那個珍藏了寫作技巧的、喜好文學的你，也總是等不到可以研究乾貨的時間。

你匆忙地趕路，把想要的生活和想成為的自己一鍵珍藏了事，幻想著未來某一天會重新打開它，兌現自己的雄心壯志。但隨著時間的流逝，你的珍藏越來越「肥」，但你的腦袋卻空空如也。

03

為什麼我的珍藏總是逃不脫「長灰塵」的命運？

因為珍藏從未停止，但行動從未開始。

因為馬上去弄懂，需要你花費大量的時間和精力，而一鍵珍藏就獲得的滿足感、成就感顯然要快很多。

珍藏之後，「意念學習」的模式開啟，似乎珍藏了就等於學會了。

因為人性就是「喜新厭舊」的。

精品的文章到處都是，好玩的影片隨處可見，新鮮的花招頻繁湧現，這些東西遠比「已經看過的東西」更吸引你，所以你寧可把時間都花在尋找「新事情」上，而不願複習舊事情。

《怦然心動的人生整理魔法》一書中提到：一個人不願扔東西，是因為他無法判斷，對現在的自己來說，什麼是需要的、什麼是多餘的、什麼是重要的。所以，他不需要的物品就會不斷增加，結果無論是實體層面，還是精神層面，都會被大量不需要的東西所淹沒。

糟糕的是，你的我的珍藏裡久存不用的東西越多，你眼裡真正重要的東西就會越少。

那麼，該如何利用我的珍藏呢？我推薦五個親測有效的方法：

一、設定我的珍藏的容量，提高珍藏的門檻。

超額的或者品質堪憂的內容，要強制自己盡早刪除，這樣能大幅提高我的珍藏的品質。

二、設定我的珍藏的「壽命」。

比如設定某個我的珍藏三天之後自動歸零，這能逼迫自己及時攝取我的珍藏的「營養」。

三、為我的珍藏分類。

「一鍵珍藏」和「按讚珍藏」是很方便，但毫無章法地珍藏會對後期整理造成很大的麻煩。所以為我的珍藏分類，非常有利於後期的整理和複習。

四、養成定期整理我的珍藏的習慣。

可以是每天，可以是每週，可以是每月。日積月累，你的我的珍藏會越來越空，你的腦子會越來越充實。

五、盡可能地少用「珍藏」功能。

遇到你認為有用的東西，如果你有感觸，就馬上在電腦或手機裡寫出來；如果你暫時沒感覺，就把你看到的內容摘錄出幾段話，記在小本本上；如果內容很長，就列印出來，放到你隨手可碰的地方。這也許不能保證「你會看」，但能大幅提高「你會看」的機率。

不管你是覺得將來也許有用，還是害怕自己不知道這些，都要提醒自己兩點：

一、很多內容其實並沒有想像的那麼重要。

二、學到手的東西才是真正屬於自己。

見識並不是來自於你點開了多少網頁、珍藏了多少文章，而是能踏實地看完一本書，脈絡清晰地瞭解一個新聞事件，之後，提煉出一些觀點，並形成自己的東西。

成熟是經歷，而不是道聽塗說；知識要吸收，而不是放我的珍藏裡。

希望有一天，你能從「我的珍藏長灰塵愛好者」轉變為「我的珍藏學習者」，而不再是坐擁大量「╳╳╳必備小技巧」、「高分推薦書單」的「知識偽富豪」！

4 拯救你的專注力：任何消耗你的人和事，多看一眼都是你的不對

Q：習慣胡思亂想的人如何集中注意力？

01

你本來是想好好讀一本書的，你戴好耳機，開始播放你喜歡的歌，同時你翻開了書的第一頁。

音樂的每一拍都拍在了你的癢處上，這讓你很享受，於是你跟著哼了起來，直到整首歌放完，你才把注意力拉回到書上。

讀到第二行字時，耳機裡有一句歌詞讓你突然想起了好久沒見的某某。於是你趕緊拿出手機，找到他的頭貼。你想跟他聊幾句，可你有點猶豫，因為你不知道如何開場，也不知道一旦開始問候要如何收場。

於是你點開了他的動態，一篇一篇地往下翻。幸好他設定了「僅半年可見」，所以你只花了十分鐘就逛完了。

你若有所失，因為他的生活跟你沒有任何交集。於是，你把注意力再次拉回到書上。

讀到第三行字，你媽媽回家了，幫你帶了你愛吃的榴槤披薩。在食物的誘惑下，你放下了書，右手抓著披薩，右手滑著熱門話題。然後一邊大快朵頤，一邊向母親大人表達感激。

又過了十分鐘，美味下肚了，你的注意力又回到了書上。

讀到第四行，好朋友傳來了訊息，說想約你一起吃個飯。你本來是想拒絕的，但你怕傷了對方的熱情。

於是，你開始搜尋好吃的店家，你看了排行榜，看了不同店家下面的評論，終於找到了一個評分很高同時還符合你們胃口的，你正準備把地點傳給對方，不料對方先傳來訊息了：「哎呀，突然有點事情要忙，下次再約吧。」

你說不上是因為不用出門而開心，還是因為臨時被放鴿子而失落。但好處是，你的注意力終於又回到了書上。

讀到第五行字的時候，你想起來要把剛剛搜尋到的店家珍藏起來，下次跟朋友約會的時候就不用這麼費力去找了。

你點開了那個軟體之後，跳出了另一家店的推薦，你關掉了，又跳出一家，你點開了，但你覺得「也就那樣」，在你打算關掉軟體的時候，手機跳出來一個熱門話題：「某某和某某有孩子了。」

你感覺很震驚，趕緊去看個究竟。可你對網路資訊始終是半信半疑，於是你順著貼文挨家挨戶地查閱，最後得出的結論是「這個人真傻啊」或者「這個人真渣啊」。

當你的注意力再次回到書上，你已經沒有繼續閱讀的動力了，你甚至都想不起來剛才讀了什麼。

你只想閉著眼睛休息一會，或者吃點零食解解嘴饞。可沒到三分鐘，你又忍不住拿出了手機……

結果是，你那寶貴的休息時間被白白糟蹋了，你既沒有讀書，也沒有約會，甚至連起碼的休息都沒有。

你只是覺得疲憊，覺得浮躁，覺得生活沒意思。

再回想最近幾年，似乎天天都是這樣：

一天二十四個小時，有十六個小時都是處在「斷線」的狀態；一天拿起手機兩百次，有一百八十次不知道拿手機要做什麼。

你的常態是，手機打著遊戲，電腦放著綜藝，在玩手機、看影片的同時，又在回覆多人的訊息。

你感覺自己很忙，但不知道在忙什麼；你感覺自己很累，但似乎又沒做什麼。

平均每十四分鐘，你的注意力就會轉移一次；對於不感興趣的人和事，你甚至堅持不了十分鐘。

網路上看到八卦，你的注意力只能維持六分鐘；看電視平均七分鐘後，你就會不自覺地拿起手機；老母親在電話裡催婚、催生，你其實在第二分鐘就已經神遊外太空了……

除了生理時鐘失調、腸胃失調、髮際線失調，這一屆年輕人的注意力也「失調」了。

02

為什麼集中注意力是一件很難的事情？

因為你常年都在訓練「分心」這個技能。

你沒看錯，容易分心是你自己訓練出來的。就像認字、寫字、打籃球、跳舞一樣，訓練久了，你就會變成高手。

很多人是時時刻刻都在分心、恍神的狀態裡，也就是說，你每天訓練了十幾個小時，一練就是十幾二十年，那你當然就變成了「分心的高手」、「恍神的專家」。

因為你不喜歡正在做的這件事。

比如閱讀一篇晦澀難懂的論文，上一節沒意思的選修課，學一個不知道有什麼用的軟體，看一本節奏慢得難以忍受的小說……

你的五官覺得不舒服，你的大腦不興奮，你的身體也不開心，所以它們就會聯合起來「搞事」，讓你分心、走神，讓你做點別的事情來哄它們開心。

因為生活的節奏太快了。

快節奏的生活讓你安靜不了，也慢不下來，你希望能夠「快速獲取資訊」、「快速掌握技能」，結果是，你習慣了這種快節奏的生活，也習慣了讓別人幫忙問答問題、做出決定、得出結論。所以你的周圍充斥著「二十一天養成……」、「半個月學會……」、「一小時搞懂……」

這些經過深加工的「美味佳餚」，在不知不覺中弱化了你的閱讀能力和思考能力，讓你在處理現實問題時變得茫然無措。

因為你的「攝取」出了問題。

高熱量、高糖分的食物是物質世界的垃圾食物，碎片化、刺激性的內容是精神世界的垃圾食物。

專注力差和身材走樣的原因很像。身材走樣是因為身體缺乏鍛煉，加上吃了太多的垃圾食物。

而專注力渙散，是因為「大腦缺乏鍛煉」，加上攝入了太多的精神世界的垃圾食物。

因為分心是人的天性。

人本來就是愛分心的動物，我們的血液裡仍流淌著狩獵時期四處覓食的動物本能。

我們的祖先需要眼觀六路、耳聽八方，才能在危機四伏的大自然中生存下去，他們恨不得把注意力分成一百份，因為他們既需要到處尋找食物，還需要隨時發現威脅，這兩個都是事關生死的大事。

即便是進化到了現在，人類的專注時間也只有半個小時左右。

因為世界太喧囂了。

每天一睜開眼睛，你就已經毫無防備地跌進一片資訊的汪洋裡。網路席捲著資訊的風暴，充斥於你的所有電子視窗，滲透進你生活的每一條縫隙，吸走了你大部分的精神能量。

你把熱門話題當成每天必解的首要任務，把社交軟體裡的雞零狗碎當成每日的必讀清單，把隨時響起的通知和電話鈴聲當成了中止工作的訊號……

結果是，你貌似很努力地感知人間美好，可是體驗卻變得越發淺薄，繼而在工作上陷入低效、焦慮的陷阱中，在生活中陷在乏味、無聊的死水裡。

切記，手機不會幫你打發掉碎片化的時間，只會把你的時間打成碎片。

03

碎片化時代的特點是：有熱點，無焦點；有熱度，沒高度。

如果你沒有完整的知識體系，沒有明確的目標和任務，那麼你就會一直被這碎片的浪潮裹挾著東奔西走，在「注意力搶奪戰」這種遊戲裡，你就會一直被別人玩。

事實上，我們每時每刻都在跟周圍的世界爭搶注意力。

你打開一個APP查地圖，會跳出來一堆美食廣告；你點開一篇文章，下面會附帶一堆的「大家都在看」或者「猜你喜歡」。

如果你點了連結，看似是「學到了更多」、「知道了更多」，但實際是「不知道自己在幹什麼」。

沒有專注力的人生，就像是睜大了雙眼，但什麼也看不見。

專注力就像黑夜裡的手電筒，它照亮了什麼，你就會關注什麼。

所以，你既要擋掉外在的干擾，比如大量的娛樂資訊，比如無用的社交資訊，還要擋掉內在的干擾，比如不堅定，比如想太多。

不要依賴別人灌輸給你的想法和觀念去生活，不要遵循別人設計好的軟體使用習慣去行動，也不要透過消費、娛樂來獲取多巴胺。

不管是選擇放鬆，還是選擇專注，最好是由你的大腦來決定，而不是被你的眼睛、耳朵牽著鼻子走。

你對無關緊要的人和事保持冷漠，才能成全你對在乎的人和事保持溫度；你為自己想要的東西忙前忙後，就沒時間為不想要的東西憂心忡忡。

你的專注力停在哪裡，你的能量就會流向哪裡。把注意力收回到自己身上的時候，力量也就回來了。

04

幾乎每個人都被要求「要專心學習、要專心寫作業、要專心看書、要專心工作」，可從來沒有人教過我們：如何才能做到專心。

我總結了六個親測有效的、能夠拯救專注力的方法，希望對你有用：

一、成為參與者。

比如上課的時候，你怕自己恍神，那就跟老師互動，默默重複老師某句話中的關鍵字，跟著老師的思路做筆記，跟老師盡可能多地產生眼神交流。

比如背單字的時候怕分神，那你就發出聲音來，讀它的音調，讀有這個單字的句子，然後想像這個單字可能用到的場景，甚至可以一人分飾兩角，演一段情境劇。

比如讀書的時候怕分心，那就給喜歡的句子劃線，寫閱讀時的心得，記錄不理解的地方。還可以採用自言自語的方式：「這段話是在講什麼呢？哦，原來是這個意思。」、「這句話是專門為我準備的吧，我等一下要用它發個動態。」、「這個地方寫得太好玩了，來，賞你一條底線。」

總之是，不要讓自己只是一個沒有任務、沒有臺詞、沒有表情的「群眾觀眾」，要跟你專注的對象或者事情互動起來，假裝自己是主角，或是導演。

二、一個時間段只給自己安排一個任務。

學習的時候，一邊看學習影片，一邊滑搞笑段子，這就相當於減肥的時候，一邊吃沙拉，一邊吃炸雞，是發揮不了什麼效果的。

人的大腦是很難同時專注於多個任務的。所以，吃飯的時候不要追劇，追劇的時候不要玩手機，玩手機的時候不要開車，開車的時候不要聽廣播，一個時間段只給自己安排一個任務，然後去接收這個任務產生的豐富資訊，包括細細品嘗食物的味道和口感，細心去看影集裡面的細節和伏筆，認真感受輪胎跟地面接觸的輕微震動……

拯救專注力，最難的不是「要做什麼」，而是「不做什麼」。

三、調整「攝取」。

街上充斥著搶眼的招牌、廣告；網路上堆滿了極富衝擊力的影片、音樂，手機裡時不時蹦出來的聳人聽聞的文章、觀點，以及鋪天蓋地的和新聞和熱門話題……這些東西給了你充分的刺激感，讓你很興奮，很沉迷。一旦習慣了這種刺激，那些不刺激的東西就很難入你的眼了。

所以，你要主動去攝取一些刺激小的內容，比如啃專業書籍、慢跑、堅持寫作、安靜地看紀錄片、聽輕音樂等。

四、營造專注的氛圍。

這個氛圍既包括周圍的環境，也包括內心的世界。它可以幫你隔絕噪音，防止不必要的打擾，甚至可以節約口水。

比如選擇一個不被人關心照顧，同時也不需要關心和照顧別人的地方；為自己預留一個沒有網路，也沒有聯絡的時段。

比如戴上耳機、把手機放在視線之外、關閉各類提醒、解除安裝容易沉迷的軟體。

比如遠離熱門話題的討論區、不跟陌生人爭辯、不輕易地點評和指責他人。

比如不敏感他人的眼光、不活在別人的嘴裡、不把人生的裁判權交給外人。

是的，任何消耗你的人和事，多看一眼都是你的不對。

五、節約意志力。

意志力是寶貴的消耗品，所以盡量不要做消耗意志力的傻事。比如買東西時過度比價，受委屈了忍著不說，拍自己看不起的人的馬屁，跟人比較吃穿住用，以及假裝厲害、假裝內行、假裝不在乎……

我們無法在消極的想法裡活出積極的人生，也無法在彆扭的狀態中活出通透的人生。

六、及時把注意力拉回來。

需要承認的是，保持專注是一件很困難的事情。人難免會有吃著鍋裡、想著碗裡的時候，難免會在忙碌的時候想放假了要去哪裡玩、放假的時候又沒完沒了地為工作擔憂。重要的不是不恍神，而是在恍神之後，及時把注意力拉回來。比如問問自己：「你不想要了嗎？」、「你打算這輩子就這樣了嗎？」

你還可以反復跟自己強調「我是誰」和「我想要什麼」，就像《西遊記》裡，唐僧說了無數次：「貧僧自東土大唐而來，去往西天拜佛求經。」

希望你早日明白，很多事情做不成，缺的不是時間和機會，而是專心致志。

5 凡事發生皆有利於我：允許一切如其所是，也允許一切事與願違

Q：為什麼有些人可以永遠保持積極的心態？

01

不想結婚、不想生孩子，後果有多嚴重呢？就像狐狸不會生雞蛋，就像大象不會土風舞，就像猴子不會開火車，那又怎麼樣？

嫌棄自己不夠好、嫌棄自己太內向，該怎麼辦呢？就像嫌一隻英短的毛不夠長，就像嫌一個湯匙沒有鋸齒，就像嫌一個足球不能當茶几，又能怎樣？

有一種非常高級的心態叫「凡事發生皆有利於我」。這種心態的核心是：不管好的壞的，但凡是已經發生的，都能找到它的意義。

焦慮也可以看成是好事，敏感也可以看成是天賦，嫉妒也可以視為一股力量，粗心

大意也可以看成是福氣，社恐也可以當作一種優勢。

被分手了，可以視為是「有福之人不入無福之家」；被人騙了，可以視為是「花錢消災」；工作受挫了，可以視為是「老天在善意提醒此路不通，需要調轉方向」。

帶著「凡事發生必有利於我」的心態生活，你就能從消極的事件裡面找出積極的東西，從本應該悲觀的情緒裡快速地調整到積極的頻道，從別人的糟糕回饋中得出正向的結論。

不管這個世界怎麼打擊你，在你的內心深處，總有更強大、更堅定的東西在默默地反擊。

所以，當你懷疑自己的時候，請反覆誦讀：「凡事發生皆有利於我，利我強大，利我堅韌，利我穩重，利我逢凶化吉，利我無堅不摧。」

02

抱著「凡事發生皆有利於我」的心態，你就可以停止容貌焦慮。

有個好看的女孩請我喝咖啡，但她的表情不太自在。於是我調侃道：「你這板著的臉，可以煎個雞蛋，或者煎一張蔥油餅。」

她咯咯地笑，然後講她的煩心事：「只要照鏡子超過一分鐘，我就能給自己挑出一堆毛病。鼻子不夠高，下巴太短了，眼睛太小了，門牙比其他的牙齒寬了一點點……」

我回覆她：「可正是因為這樣，你才是你呀。」

她說：「有的討厭鬼經常說我什麼腿太粗了、脖子太短了、沒有腰線……囉哩叭嗦地講一堆，煩死人了。」

我回覆道：「下次碰到了，你就回他：我長這樣又不是給你看的！」

你的身體不是別人的景觀。就算你把所有的缺點都按照世俗的標準或者流行的標準「改」了，依然會有人抓著你的一個缺點否定你。

即使你透過最複雜的整容手術變成了某個人覺得順眼的樣子，但由此引起的慘烈後遺症和高昂的代價全部卻由你一人承擔。

事實上，你焦慮的不是「我到底美不美」，而是「我在別人眼裡美不美」。於是，為了得到別人的認可，你對自己下了毒手。

有人吐槽一句「胖」，你就開始瘋狂減肥；有人吐槽一句「臉型不上鏡」，你就去改變臉型；別人說喜歡雙眼皮，你就去割個大雙眼皮；別人說一白遮百醜，你就不斷地去全身美白……

為什麼會出現容貌焦慮？我猜有這樣五個原因：

一、因為你習慣了以別人的眼光和標準來評價自己。只有在別人「哇哦」的讚美聲中才能讓你覺得自己「還滿好看的」或者「我還滿優秀的」。

二、因為你不知道自己的價值在哪裡，只好將自己的價值和容貌捆綁在一起。這也解釋了「為什麼很多影集總喜歡為男主角或女主角設定一個高貴的身分」，因為不知道如何演繹清白的人品，所以只能演繹清白的身體；因為不會講述高貴的靈魂，所以只會講述高貴的身分。

三、因為你不知道什麼是美。別人說「瘦了好看」的時候，不夠瘦的你就會焦慮；別人都誇A4腰美的時候，沒有A4腰的你就會焦慮；別人都說「雙眼皮好看」的時候，單眼皮的你就會焦慮。就像是一百多年前，裹小腳的女人之所以會認為小腳好看，是因為大家都那麼說。

四、因為你需要為失敗的人生找一個合理的藉口。你會覺得「如果我不長痘痘，肯定就能成功面試」、「如果我像某某一樣好看，那個機會一定是我的」，卻忽略了容貌從來不是決定性因素，至少不完全是，更大的因素是你的能力、人品和教養，但是都被你用容貌作為擋箭牌給擋住了。

五、因為你的身邊充斥著奇奇怪怪的比較和慫恿。打開各種軟體或網頁，會有無數的美妝KOL和開團網紅。教化妝的告訴你如何遮瑕、如何遮痘；教保養的告訴你如何美白、如何去黑頭；教減肥的告訴你如何瘦身、如何擁有「直角肩」、如何變成「白幼瘦」，如何消除「蝴蝶袖」和「水桶腰」……

久而久之，你開始審視鏡子裡的自己，你開始挑剔自己，開始憂愁起來，開始做效，開始買這買那，開始發現這些東西效果甚微，甚至開始出現了副作用……於是，你更焦慮了。

容貌焦慮的核心是「怕不被愛、怕被比下去」，所以誤以為，「我要夠好看，才值得被愛；我要夠瘦，才能符合別人的期待」。

卻從來不好好想一想：「以我的骨架和氣質，那樣的體型合適嗎？」、「形銷骨立，筷子一樣的腿，真的有美感嗎？」

我的建議是，與其追求跟自己不相符的體重和曲線，不如更新自己的審美標準，增加自信的來源，去讀書、旅行、賺錢，以及再三跟自己確認：「我愛美的目的，是為了讓自己更喜歡自己。」

當你開始喜歡自己，自然就會自信滿滿。「我皮膚變白了，這滿好的；我皮膚不夠白，也滿好的。我身材比例好，太棒了；我身體比例不太協調，也滿好的。我舉止得體、穿著優雅，這滿好的，我穿著隨意，但是舒服，也滿好的。」

反之，當你陷在自慚形穢的情緒裡，你就會反覆地攻擊自己：「我白是白，但是像生了病似的；我高是高，但像一隻呆頭鵝似的；我身材是不錯，但臉型太難看了；我的站姿滿好的，但說話的聲調很像大媽。」

為了所謂的婀娜多姿而過著病態的生活，為了所謂的曼妙身姿去扭曲或者切割自己的身體，這無疑是在強行給自己的生命打折，是急著去閻王那裡當勞力。

新時代的健康標準是：四肢發達，能夠抵抗疾病；頭腦簡單，能夠減少內耗；情緒穩定，能夠靈魂安然。

哦，對了。

我反對容貌焦慮，反對的只是焦慮，不等於我反對「好看」。

無論男女，好好打扮，保持身材，都是值得去做的事情，在這個看臉的世界裡，說外表不重要一定是騙人的。外在好看是我們遞給這個世界的名片。

更重要的是，外在好看，它既不廉價，更不容易。

外表整潔，一定是有良好的衛生習慣；穿搭和諧，一定是有不錯的審美；表達流暢且有內涵，一定是讀過不少書；舉止有教養，一定是對待事物積極樂觀，並且心懷善意。

如果再有人攻擊你的外貌，你不妨來一段 rap：「你白你白你最白，人死三天都沒有你白；你瘦你瘦你最瘦，連盒子帶灰兩斤六；你毛多你毛多，猴子見你都得喊大哥……」

03

抱著「凡事發生皆有利於我」的心態，你就會「享受自己做的選擇」。

有個女強人去按摩，幫她按摩的是一位大姐。

按了沒多久，女強人突然說：「大姐，你看我腰上有什麼？」

大姐仔細看了一下說：「沒什麼呀。」

女強人嘆了一口氣說：「有個隱形的發條，老闆轉一下就得熬夜加班，客戶轉一下就得彎腰道歉，小孩轉一下就得蹲下來哄她。哎，真的快要累死了。」

結果大姐說了一段話，讓女強人大為震驚：「每個人都有發條，不管是靈魂還是皮囊，都是這樣的。別人轉就是被動挨打，自己轉就可以當作鍛煉身體。同樣是加班，自願加班那叫奮鬥；同樣是經營客戶，自願去經營那叫成長；同樣是陪小孩，自願去陪，那叫一起玩。」

是的，心不由己，身又怎麼會由己呢？反之，心由己了，身就由己了。

生而為人，你要想活得輕鬆，就一定要學會享受自己做的選擇，要瞄準這個選擇裡快樂的部分。在該玩的時候就開開心心地享受，在該工作的時候就踏踏實實地努力；在愛的時候就認認真真去愛，在不愛的時候就乾脆俐落地分開。不瞻前顧後，不畏首畏尾。

加班的時候想吃宵夜，那就不要想「哎呀，會不會胖」的事情，盡管去享受美食；週末想擺爛的時候，就別焦慮週一的早會，大大方方地躺平。

選擇一份工作，圖薪水或者圖清閒都可以，你不能天天摸魚卻想著高薪福利，也不能拿著高薪卻盼著無壓力。

選擇一個戀人，圖長相或者圖家境都沒問題，你不能因為長相選擇了一個人，卻又抱怨人家沒錢，又或者因為家境選擇了一個人，卻又怪人家沒情調。

所有心裡的痛苦和糾結都只是在警告你，你的生活違背了你的本心。

04

當你抱著「凡事發生皆有利於我」的心態，你的腦子就會經常湧現出「沒那個必要」：

看到有人販賣成功，你會提醒自己：「沒必要拿別人的地圖找自己的路。」

因為你知道人生沒有標準答案。有的人住在豪宅裡卻像是終身逃亡，有的人居無定所卻過著安定的生活；有的家庭坐擁一堆金幣卻把日子折騰得亂七八糟，有的家庭用幾根麵條就足以撐起熱氣騰騰的日子。

有問題想不通，你會提醒自己：「沒必要抓著不放。」

因為你知道越是在意它，那它就是一個巨大的、糾纏在一起的藤蔓，讓你難以脫身；而越是不在意，它頂多是縷打了結的髮絲，一梳就順了。

遇到了厲害的人，你會提醒自己：「沒必要在他們面前裝模作樣。」

因為你知道但凡跟自己段位差不多又或者高出自己一點點的人，一眼就能看出自己到底有幾斤幾兩。

有人對你的選擇說三道四，你會提醒自己：「沒必要跟不重要的人證明自己。」

因為你明白，渴望別人的認可就相當於給了他們控制你的權力。他們將大拇指朝上或者朝下指，你就認為那是對你個人價值的最終判定。

事情尚未發生，你會提醒自己：「沒必要提前焦慮。」

因為你知道，為尚未發生的事情過分期待，就像是點名的時候說：「沒來的請舉手。」

為尚未發生的事情提前操心，就等於是，還沒受傷，你就喊痛。

正如周國平說的那樣：「在所有的人生模式中，為了未來而犧牲現在是最壞的一種，它把幸福永遠向後推延，實際上是取消了幸福。」

對現狀不滿，你會提醒自己：「沒必要怨天尤人，誰都不容易。」

小時候擁有想像的自由，但沒什麼錢；長大了擁有物質的自由，但沒什麼閒。無論幾歲的人生，都有它的牢籠和宇宙。

隨著年齡的增長，生活的關鍵除了反抗，還有接受。

接受雨天沒帶傘，接受快遲到了卻很塞，接受解釋了半天卻依然不被理解，接受付出了真心但不得不分道揚鑣，接受小心翼翼但還是出了錯，接受竭盡全力但還是不如人意。

當你學會了接受，你就會發現自己會比「我偏要、我就要」的時候輕鬆了一大截，也厲害了一大截。

快樂的祕訣就是，凡事不要太用力。做事情不急著要回報，交朋友不急著掏心掏肺，談戀愛不時時綁在一起，過日子不事事追求完美。老天給你，你就歡天喜地；老天沒給，你也不乾著急。打理好「自己的事」，少去管「別人的事」，以及不操心「老天的事」。

高寶書版集團
gobooks.com.tw

高寶文學 085

在哪裡跌倒，就在哪裡躺好

作　　者　老楊的貓頭鷹
責任編輯　陳柔含
封面設計　林政嘉
內頁排版　賴姵均
企　　劃　鍾惠鈞

發 行 人　朱凱蕾
出　　版　英屬維京群島商高寶國際有限公司台灣分公司
　　　　　Global Group Holdings, Ltd.
地　　址　台北市內湖區洲子街 88 號 3 樓
網　　址　gobooks.com.tw
電　　話　(02) 27992788
電　　郵　readers@gobooks.com.tw（讀者服務部）
傳　　真　出版部 (02) 27990909　行銷部 (02) 27993088
郵政劃撥　19394552
戶　　名　英屬維京群島商高寶國際有限公司台灣分公司
發　　行　英屬維京群島商高寶國際有限公司台灣分公司
法律顧問　永然聯合法律事務所
初版日期　2024 年 06 月

原書名：人一旦開了竅，人生就開了掛
中文繁體版通過成都天鳶文化傳播有限公司代理，由作者本人授予英屬維京群島商高寶國際有限公司台灣分公司獨家出版發行，非經書面同意，不得以任何形式複製轉載。

國家圖書館出版品預行編目 (CIP) 資料

在哪裡跌倒，就在哪裡躺好 / 老楊的貓頭鷹著．--
初版．-- 臺北市：英屬維京群島商高寶國際有限公司臺灣分公司，2024.06
　面；　公分．--（高寶文學：085）

ISBN 978-986-506-989-6(平裝)

1.CST: 人生哲學 2.CST: 自我實現 3.CST: 生活指導

191.9　　113006429